新闻采访基础

XINWEN CAIFANG JICHU

张晶晶 著

天津大学出版社
TIANJIN UNIVERSITY PRESS

图书在版编目（CIP）数据

新闻采访基础 / 张晶晶著. -- 天津 : 天津大学出版社, 2024. 8. -- ISBN 978-7-5618-7755-5

Ⅰ. G212.1

中国国家版本馆CIP数据核字第2024SC0081号

策划编辑 余莉花
责任编辑 余莉花
责任印制 宋 磊

天津大学出版社出版发行
地 址 天津市卫津路92号天津大学内（邮政编码：300072）
电 话 022-27403647
网 址 www.tjupress.com.cn
印 刷 北京虎彩文化传播有限公司
经 销 全国各地新华书店
开 本 787mm×1092mm 1/16
印 张 7.75
字 数 179千字
版 次 2024年8月第1版
印 次 2024年8月第1次
定 价 58.00元

目录

CONTENTS

第一章
绪论

第一节　新闻传播活动的变化

随着信息技术的不断进步，媒体环境也发生了巨大的变化，传统方式如看报纸、听广播、看电视等虽然依然是受众获取新闻资讯的重要渠道，但是不管是时效性还是信息量都已经无法与各类新兴媒体相媲美。新媒体时代，通过微博、微信、短视频平台等媒介，都可以及时获取新闻信息。"一部手机走天下""一部手机知天下事"早已不是遥不可及的事情。

媒体环境的变化，对人们的生活也产生了巨大的影响，从思维方式到行为方式都已经与传统媒体时代不同，新的媒介环境、新的生活方式，人们对新闻信息也产生了新的需求，时间上要求更快、内容上要求更全、形式上要求更丰富，因此，新闻传播特点也随之发生了变化。

根据美国学者 H. 拉斯韦尔的观点，任何传播过程都由五种基本要素构成[①]，即后来人称的"5W"模式（图 1-1）。"5W"为：Who（传播者），Say what（传播内容），In which channel（传播渠道），To whom（传播对象），With what effect（传播效果）。

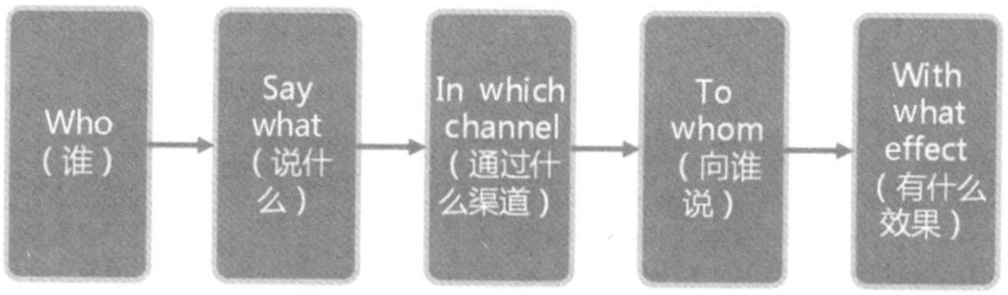

图 1-1　"5 W"模式

结合拉斯韦尔的理论，我们可以在传播学"5 W"视域下分析当代新闻传播活动的变化。

一、传播者

传播者是传播活动的初始要素，也是传播行为的发起者，既可以是个人，也可以是群体或者组织。新媒体时代，新闻"传播者"更加多元化、草根化，"传播者"和"受众"的界限日益模糊，"传播者"身份的不同，对新闻传播活动也产生了一定的影响。

（一）传播者身份更为多元化

在传统媒体时代，传播者指的是专业的新闻从业者。但是在新媒体时代，传播者的身份不再有行业的限制：既可以是专业的新闻从业者，也可以是普通网民；既可以是拥有百万粉丝的"网络大 V"，也可以是粉丝不足一百的网络小透明。传播者的身份、地位、年龄、性别等都几乎没有任何限制，只要拥有一部手机，可以连接网络，再加上简单的编辑和发布能力，就可以担当传播者的角色。

甚至在特定情况下，普通人传播的信息比专业的新闻从业者更为及时、全面。例如，

① 郭庆光．传播学教程 [M]. 2 版．北京：中国人民大学出版社，2011.

恰巧出现在火灾现场的路人，因为正好在现场，可以迅速拍摄图片、视频，配合文字编辑发布，对于现场的火势大小、人员伤亡、救援情况等都有更为直观的了解。如果其拍摄的图片和视频清晰度满足一定的条件保障，甚至会被专业的新闻机构作为素材编辑使用。

（二）新媒体环境诞生新型意见领袖

“意见领袖”的概念由传播学者拉扎斯菲尔德1940年在《人民的选择》一书中提出。扎斯菲尔德等人经过调查研究发现，大众传播信息并不是直接“流”向一般受众，“而是经过了意见领袖这个中间环节”[①]。“意见领袖”指的是在信息传播过程中消息灵通、观点突出、能够左右他人态度、对他人产生较大影响的人物。

新媒体时代的意见领袖，不一定有较高的社会地位或者在社会上有特定的身份，在团队中也不一定是真的领袖，但却是受众喜欢且愿意相信的、拥有突出的才干、能够被受众信任和支持的人物。另外，因为是受众自主选择的意见领袖，拥有一定的民主性和草根性，更容易被持久信服。

新媒体环境下诞生的意见领袖，信息传播的能力甚至超越了职业新闻从业者，成为新的信息源发源地或发散地。

二、传播渠道

传播渠道又被称为传播媒介、工具、信道等，是新闻信息的搬运通道，也是将传播过程中的各个要素连接起来的纽带，并将新闻信息生产者和新闻信息消费者连接起来的媒介。新媒体时代，新闻信息传播的渠道更加多样化，且融媒体特征明显。

（一）新闻信息传播渠道更加多样化

新媒体时代，移动互联网技术的迅速发展，使得人们获取新闻信息的途径除了传统媒体外，还可以是PC端、手机移动端等多元化渠道[②]。尤其是手机网民所占的比例日益上升之后，这种渠道的传播更加明显。据中国互联网络信息中心（CNNIC）在京发布的第52次《中国互联网络发展状况统计报告》显示，截至2023年6月，我国网民规模已达到10.79亿人，其中手机网民规模达到10.76亿人，网民中使用手机上网的比例高达99.8%。随着智能手机的普及和网络技术的发展，各种手机App不断涌现，既有像“网易新闻”“今日头条”类的专业的新闻信息传播平台，也有类似于“美团”“携程”类的服务平台，同时还承担着信息传播的功能，更有微博、微信、短视频等能够提供海量信息的社交平台。

因此，人们获取新闻信息的渠道更加多样化，新闻信息的传播主动权已经不再局限于专业的媒体机构和个人。

（二）新闻信息传播渠道融媒体特征明显

“面对新闻信息传播渠道多样化的压力，为了顺应时代潮流和应对市场压力，传统

---

① 郭庆光．传播学教程[M]．2版．北京：中国人民大学出版社，2011.

② 梁晶．浅析融媒体时代新闻生产方式的变革与创新[J]．中国传媒科技，2021（9）：43-45.

媒体不得不进行改革，纷纷成立融媒体中心、全媒体平台，将传统的新闻业务进行拓展”①。一方面，新媒体时代，可以将报纸、广播、电视台、微博、微信、短视频等传播渠道相融合，将新闻信息录入数据库，成立新闻信息的“中央厨房”，各个部门各取所需，重新加工后再次使用，极大地降低了人力、物力成本，同时又最大程度保证了信息在各个渠道的全面传播。

另一方面，信息传播形式的融合更为明显，文字、图片、短视频、超级链接等形式，在信息传播过程中被融合使用，以满足受众的不同需求。抖音、西瓜视频等短视频平台，可以让人们迅速了解新近发生的事情，配合背景音乐，将氛围感拉满，有效调动受众情绪，图片方便受众直观地了解事实；文字传播补充细节、侧重深度；超级链接则可以提供更全面的、多角度的信息。信息传播形式的融合可以全方位、多渠道保证信息传递。

三、传播对象

传播对象也称为“受众”，是新闻传播最终的接受者。新媒体时代，新闻信息的传播对象自主性较强，可以自由选择个人感兴趣的内容，也可以承担传播者的角色。同时，由于媒体的受众定位日益清晰，受众个体需求较容易得到满足。

（一）受众自主性强，有较强的参与感

传统媒体时代，新闻信息传播以线性传播为主，信息从传播者“流”向了受传者，虽然一些传统媒体也提供了反馈渠道，但是方式单一、过程复杂，大部分受众接收到信息之后都不会再进行进一步的反馈环节，本次信息传播即宣告结束。纵观整个信息传播过程，传播者处于绝对的优势地位，较容易把控传播内容，并引导舆论走向。

新媒体时代，受众不再完全是被动接受信息的角色。一方面，任何受众只要设备和网络条件允许，都可以扮演传播者的角色，传播者的门槛降低，传播者的概念泛化。另一方面，传播者和受众的界限日益模糊，甚至在一定情况下，二者身份可以发生转变。例如，一位网友在看到官方媒体所发的信息后，内心表示认同，会立即进行二次转发，从受众转变为传播者的角色。

（二）受众个体需求较容易满足

传统媒体时代，信息传递以单向传播为主，受众处于信息传播活动的尾端，长期扮演被动接受信息的角色，受众定位宽泛、身份模糊，受众个体需求较难被满足。

新媒体时代，新闻信息内容更加丰富化、多样化。受众虽然仍处于匿名状态，但随着技术的不断精进，媒体可以借助各类大数据勾勒受众画像，对受众市场进行重新划分，将海量信息精准投放给有需求的受众，受众则可以在海量信息中寻找个人感兴趣的内容进行关注，从而满足个体需求。

四、传播内容

传播内容是传播活动的核心，通过传播内容的转换，传播者和受传者产生关联，达

① 丁梦琪．传播学5 W 理论视角下新媒体传播特点研究[J].今传媒，2015（3）：32-34.

到互动的目的。新媒体时代，传播内容根据市场需要和受众需求则进行了调整。

（一）传播内容的非线性特征明显

传统媒体时代，信息以线性传播为主，如报纸的版次、版面是固定的，每一期只能承载固定数量的内容；电视节目、广播节目的播出时段也是固定的，受众只能在特定时间、空间观看特定的节目，虽然一些电视节目会设置重播，但是对受众的观看、收听依然有很大的限制。

新媒体的实时性、交互性特点，使得传播过程非线性特征明显，体现出明显的优势，极大地方便了受众的使用。

受众可以远程了解正在发生的新闻，实时发表看法；也可以在任何时间段、任何场合回放喜欢的节目；在观看过程中可以根据自己的需要选择快进、暂停、倒退。对于新媒体平台呈现的海量信息，可以根据自己的需要进行检索、选择、编辑、保存、共享、发布等，最大程度地利用新媒体平台的资源满足自己的需要。

（二）传播内容的娱乐化、碎片化特征明显

新媒体时代，智能手机日渐普及且携带方便，使用手机端接收信息成为大多数人的选择。人们在等公交车、换乘地铁的间隙、茶余饭后的空闲时间都喜欢拿出手机，浏览感兴趣的内容，打发时间。碎片化的时间，使得受众很多时候无心关注太过深度的内容，只希望在短时间内获取最大量的信息。只求数量不求深度，成为大多数受众获取信息的状态。因此，针对受众的浏览习惯，信息内容也逐渐碎片化。

除了碎片化，传播内容的另一明显特点是娱乐化，不管是什么类型的新闻，网友似乎都可以找到娱乐化的角度。例如，2022 年北京冬季奥运会期间，作为吉祥物的“冰墩墩”，受到来自国内外网友的深切喜爱。

在奥运会期间，现场或者后台的“冰墩墩”们（实为穿着冰墩墩人偶服饰的工作人员）因为憨态可掬的表情、圆滚滚的身材、可爱的小碎步等被现场的观众纷纷拍照传播。就连北京冬季奥运会官方推特账号也忍不住发布了一段冰墩墩扫雪的视频，随即引发全球关注，不少网友直呼“太可爱”。视频中，冰墩墩扭动着自己圆滚滚的身体，努力、认真地扫着雪。推文表示：“下雪了，让我们和冰墩墩一起扫雪！”该推文迅速获得大量点赞。有网友打趣说：“雪实在是太多了，可恨我的手太短。”“冰墩墩太忙了！”除此之外，各个社交平台都充满了冰墩墩“爬不上台阶”“卡门”“挑战 4A”等图片或视频，“冰墩墩卡门”甚至还成为微博热门话题，获得了大量的评论和转发。冰墩墩的可爱和出圈，让紧张的体育赛事也增加了一些轻松、娱乐的氛围（图 1–2、图 1–3）。

图 1–2 冰墩墩扫雪（北京冬奥会官方推特账号中冰墩墩扫雪的视频截图）

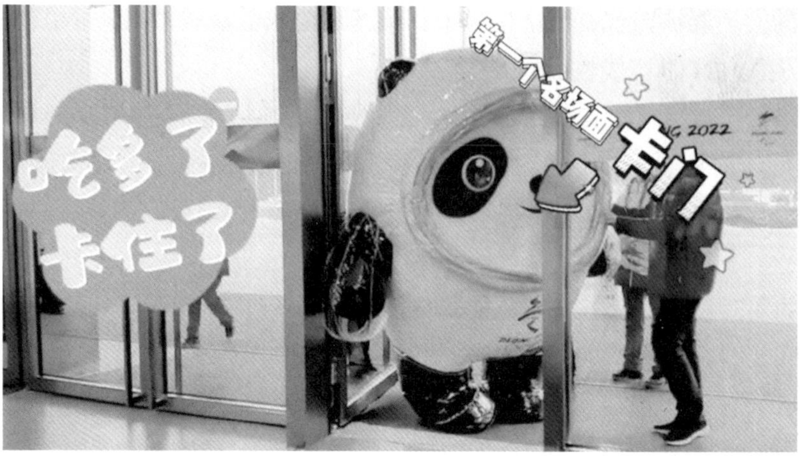

图 1–3　冰墩墩卡门了（中央广播电视总台中国之声《冰墩墩“下班”的第一天，想它 ~》文中插图）

2023 年 7 月，5 号台风“杜苏芮”强势登陆我国东南沿海，在台风逼近之前，为降低损失，厦门不少街道的棕榈树叶被扎绳子捆绑，以防叶子掉落而遭损坏。相关图片和视频在网络传播，网友在感叹厦门防汛之严的同时，也纷纷调侃棕榈树“扎辫子”“戴头套”，澎湃新闻、海峡导报、厦门日报等融媒体也加入其中，表示“抗台风‘发型’不能乱”，“棕榈树‘理光头’”。这类拟人手法的运用，让人觉得可爱又亲切（图 1–4）。

图 1–4　棕榈树戴“头套”扎“辫子”（海峡导报相关视频截图）

五、传播效果

传播效果是“传播行为对受众或者社会产生的影响或者结果的总体”[①]。传播效果与传播者的意愿并非完全一致，不是所有的传播行为都会产生好的效果，甚至有些传播行为会产生完全相反的效果。

（一）新闻信息传播速度更快、角度更全

2001 年 7 月 13 日，时任国际奥委会主席的萨马兰奇先生在莫斯科宣布，获得 2008 年第 29 届奥运会主办权的城市是北京。消息传来，举国欢腾，成千上万的人们自发来到天安门广场，一起庆祝这一喜讯。在人们狂欢、庆祝之时，人群中冲出一群穿着红色短袖衫的青年人，开始分发《北京青年报》，只见报纸首版印着巨大的“北京赢了”四个大字，同时配有胜利的手势，结合奥运五环的图像，非常及时地把与北京申奥相关的新闻进行了传播（图 1–5）。《北京青年报》速度之快、内容之全，被现场的人们连连赞叹。但是没有人注意到，人群中还有一群穿着黑色短袖衫的青年人，同样拿着报纸，只是这些首版印着“北京输了”的报纸应该永远不会面世了。

号外
北京青年报
BEIJING YOUTH DAILY
国际奥委会主席萨马兰奇今晚在莫斯科宣布
北京赢了
BEIJING 2008

图 1–5　《北京青年报》首版“北京赢了”

① 郭庆光．传播学教程 [M]．2 版．北京：中国人民大学出版社，2011.

当年的纸媒，不惜花费巨大的人力、物力提前准备两个版本的报纸，才能勉强保证信息传播的时效性。而在新媒体时代，时效性已经不是最大的优势了，网络技术的不断进步，使得新闻信息的实时传播、全时传播、现场直播都可以轻松实现，受众可以不受时间、空间的限制了解正在发生的事件，信息传播的实效性几乎达到极致。同时，各类媒体平台不断出现，官方媒体与民间媒体互相配合、补充，新闻事件的方方面面都能被及时传播，并被受众看到、听到。

（二）信息真假难辨，流言、谣言形成干扰

任何事物都有两面性，新闻信息传播也一样，新媒体时代，海量的信息井喷式出现，人们可以通过这些信息生成对事件的了解、现象的认识，但是并非所有的信息都是真实可信的，尤其网络平台的新闻更是真假难辨，在一定的条件下，别有用心之人会故意传播不实信息，以求混淆视听、左右舆论。

虚假信息、夸张信息是信息传播过程中的噪声，增加受众与事实真相之间的距离，影响受众的判断，从而影响传播，在一定程度上削弱了真实信息的传播效果。

第二节　新闻价值的变化

任何时代，新闻事实总是层出不穷的。但传播者的时间、精力有限，只能选择部分新闻事实进行传播，这个时候，就必须进行适当的筛选和舍弃。新媒体时代，各类媒体平台齐上阵，已经有了比传统媒体时代更多的信息承载空间，但依然不可能呈现全部的新闻事实，对新闻事实的把关行为，在任何时代都是必要的。

一、新闻价值的定义和认识

所谓价值，在经济学意义上，泛指客体对于主体所表现出来的有用性或积极意义，可被看作是能够适当且公正地反映金钱、商品、服务等值的总额。新闻价值可以被理解为是新闻事实所具有的能够满足受众兴趣和需求的特性。

根据此定义，新闻价值可以从两方面进行认识。一方面，新闻价值指的是新闻事实本身所具有的某方面特性，是新闻事实客观性的表现；另一方面，新闻价值需要满足受众的新闻需求，而受众是由一个个身份、地位不同的个体组成的，具有较大的主观能动性。新闻价值也就具有一定的主观性，是新闻事实客观性和受众需求主观性的统一[①]。

二、传统新闻价值要素

新闻事实是否具有新闻价值，是有不同的判断标准的，也可以称为新闻价值要素。在不同的时代，新闻价值要素也会有变化，尤其在新媒体时代，相对于传统的新闻价值要素，迎合受众的全新价值要素更为凸显。

---

① 《新闻采访与写作》编写组．新闻采访与写作[M]．北京：高等教育出版社，2019.

从传统媒体时代一致沿用至今的新闻价值要素通常有以下几个。

（一）新鲜性

新鲜性可以分为时间方面的新和内容方面的新。

时间上的新，也可以称为“时效性”，指的是新闻事实发生后是否能够迅速被发现、整合、传播，并到达受众。只有时间上距我们最近的事实才最容易被受众关注，因此，新闻是对新近发生的事实的报道[①]。另外，现实生活中有些新闻事实会周期性发生，比如“两会”“春运”“黄金周”“十一档”等，媒体每年均会报道，但是受环境及相关事件的影响，受众可能会更为关注与本年事实相关的报道。

例如，关于2023年“十一黄金周”，正好与传统节日中秋节相连，再加上亚运会的助力，媒体早早就开始报道有关“十一”假期的内容，如“五年内最旺黄金周”“预计日出行人数将达到一亿人次”“‘分段式出游’‘亚运热’‘一站式的度假’等旅游新趋势”……人们可以结合媒体的报道提前规划自己的“十一”假期，决定是否出游、出游方式及旅行目的地。新近的事实报道对个人生活具有一定的参考价值，而去年、前年、往年的“十一黄金周”报道几乎不再具备新闻价值。

内容上的新是指报道内容、报道角度的新颖性。每天发生的新闻事件众多，在其他媒体还未报道时优先报道，避免报道内容的同质化，就能保证新闻价值。或者面对受众较为一致关注的事件时，能够找到与众不同的报道角度，避免报道角度的同质化，也可以保证新闻价值，以突出新鲜性。

例如，中国第三十三届中国新闻奖二等奖获奖作品《“建议专家不要建议”，是希望专家好好说话》。

“建议专家不要建议”，是希望专家好好说话[②]

最近，“建议专家不要建议”的话题两度冲上热搜——

先是5月19日，“专家不建议年轻人掏空六个钱包凑首付”“专家称买房比租房划算”“专家称今年6到10月是购房好时机”，这三个与买房有关的话题同时上了热搜，随后，“建议专家不要建议”冲到热搜第一；

再是5月24日，“专家建议：不要多用空气炸锅”上了热搜，随后“建议专家不要建议”再次上榜，还有媒体设置议题“年轻人为什么反感专家建议”。

尽管在第二个新闻中，有网友出来澄清说专家没有这样的建议；涉事专家也表示，没有接受过相关媒体采访。但这些声音几乎都被淹没在“建议专家不要建议”的汹涌舆情中。

网友们的态度明确：说得不好，下次别说了！

专家到底惹谁了？

首先有必要明确，当人们排斥一些专家的言论时，针对的往往只是专家这个群体中

① 高金萍．新闻学概论[M]．北京：外语教学与研究出版社，2017.

② 林琳．“建议专家不要建议”，是希望专家好好说话[Z]．北京：工人日报客户端，2022-05-26.

的少数人，而少数人是不能代表这个群体的整体素养和形象的，也就是不能一竿子打翻一船专家。

然后，我们再来讨论，那些被建议“不要建议”的专家，到底出了什么问题。

综观以往类似新闻事件，不难发现，人们反感的专家建议主要有几类。

其一，有些专家建议的含金量偏低，多是“正确的废话”。

在公众看来，专家的话应该是专业的、深刻的，是大多数人不了解、不掌握的信息和知识，而有些专家的建议往往达不到这个预期，有的建议还自相矛盾——上午有专家说“喝咖啡有利于身体健康”，下午就有专家主张“喝咖啡可能导致骨质疏松”。

其二，有些专家建议不接地气、不食人间烟火。

前段时间，一段专家建议低收入者把闲置的房子租出去、用私家车出去拉活儿的视频被曝光，不少网友看后惊掉了下巴——低收入者不仅有房有车，而且有闲置房？如此“站在云端、指点民众”的专家，说出来的话自然给人“何不食肉糜”之感。

其三，有些专家建议可能是拿人钱财、替人说话。

一种保健品到底有没有效果、一个设备到底有没有技术突破和创新、一种举措有没有推行的必要……对于这些问题，有些专家可能并不是站在专业角度、实事求是地给出判断，而是受到资本的裹挟、权力的干预或者其他因素的影响。

当然，还有这样的情况，有些专家的建议本身没有问题，但媒体在报道时，断章取义，假专家之名，语不惊人死不休。更有甚者，只是打着专家的旗号，说了自己想说的话。在流量为王的背景下，类似情况或许不在少数。换句话说，有些专家是“背锅”了、被冤枉了。

“建议专家不要建议”，一方面表达了人们对一些专家建议的不满意、不服气，对其能力和水平的质疑；另一方面反映了人们对专业、科学、严谨的高质量专家建议的渴盼，对专家建议有指导性、权威性，能够真正为人们解疑释惑、指点迷津的期待。

事实上，在专家这个群体中，并不缺乏令公众尊重、崇拜、信服的专家。就像有的法学专家能够用通俗易懂的语言和案例，告诉公众哪些行为违法、什么事情做了要面临法律制裁；有的物理学教授能够化身科普达人，用铁锅、扫帚、气球等简单的道具，向公众讲解“中国天眼”怎么工作、太空中的宇宙射线长啥样、火箭怎么上天……

这些专家之所以能够成为“网红”，收割无数粉丝，除了有“有趣的灵魂”，更重要的是具有深厚的专业根基，有坚定的职业操守。

“建议专家不要建议”，不是让专家都“闭嘴”，而是希望专家能好好说话——多一些“爱惜羽毛”，多一些审慎科学，多一些设身处地，多一些人文关怀。

在文章写作之前，“建议专家不要建议”就曾连续多日登上微博热搜，不少网友表达了对所谓“专家”的反感。《工人日报》客户端迅速锁定受众较为关注的热点话题，结合网友态度，分析了网友“建议专家不要建议”的原因，表达了对“专家好好说话”的期待。同时引导网友要意识到那些被建议“不要建议”的专家只是专家中的少数人，还有很多专家不仅具有专业的知识，还拥有有趣的灵魂。只要专家能够以科学、审慎的态度好好说话，依然可以挽回颜面，被受众信赖。

文章选题为网络热点话题，采访报道的角度没有一味地批判专家、迎合网友，而是用用理性、客观的分析赢得了网友的认同，引导了舆论的方向。从选题到角度，都具有“新鲜性”。

（二）重要性

重要性指的是新闻事件、人物、现象受人关注的程度或者所具有的社会意义。因人们的兴趣爱好不同，身份地位有异，导致人与人的关注重点总会有差异。但有些新闻事件本身意义重大，或者对人们的生产、生活、切身利益有较大影响，这类事件往往更易受到人们的广泛关注，成为人们讨论的重点。

例如，2023 年的成都大运会、杭州第 19 届亚运会等，因为是全国性的大事件，从筹备到举办，都在媒体的报道和受众的关注中进行。在亚运会举办期间，各种媒体或平台都可以轻松找到关于亚运会的新闻，不少网站还专门制作了亚运会的专题，文字、图片、视频等报道形式齐上阵，还有特意设置了“奖牌榜”、每日“热门赛程”等实时更新的内容，方便受众了解关于亚运会的一切信息。同时，各个短视频平台与各大报纸、广播、电视、网站新闻等相互补充，除了比赛本身，受众还可以看到看台上教练员和观众的表现，运动员比赛前后的状态，甚至运动员的细微表情也被捕捉，成为人们讨论的热点。其中，乒乓球比赛和游泳比赛等热门项目的图片和视频被网友再次剪辑、加工、配合他人表情包进行传播，趣味十足。

还有些新闻事件，事实本身与“衣食住行”“教育”“医疗”“通信”等方面相关，通常涉及人们的切身利益，其变动影响的不是几个人或几个家庭，而往往是社会层面、国家层面的，或者以地域、城市为单位，所以备受人们关注。

例如，2023 年“中国银行关于开展存量首套住房贷款利率调整的公告”对首套房贷利率做出调整，此政策一经发布就被多方关注，业内专家、自媒体均从不同角度进行了解读，相关新闻稿件和短视频遍布网络，因为住房问题涉及很多家庭，受众会主动通过多方渠道了解与此政策相关的信息。同样，2023 年北京中考政策改革，“小四科”不再以分数呈现，且科目成绩仅在升学中参考使用；同年，天津市也进一步完善体育中考新政策……因为涉及教育问题，具备“重要性”特征，与此类政策相关的新闻报道也备受人们关注。

（三）显著性

显著性指的是新闻事件涉及的人物、地点、机构等本身知名度较高或者具有较大的影响力。如恋爱、结婚、生子、离婚等事件，发生在普通人身上和发生在明星、名人身上的影响力是不同的。例如，当年艺人赵丽颖和冯绍峰在微博官宣结婚和离婚的消息时，曾一度因为太高的关注度导致微博系统崩溃。而相同的事件发生在普通人身上，就难以引起相关关注。

同样，具有较高知名度的地点也会带来更多的注意力，例如，每年“十一黄金周”，各地都会举行各类庆祝活动，室外的广场等标志性建筑都会摆设花朵、花篮类的装饰性花卉。但是在中国几乎没有哪个城市的室外装饰性花卉可以超越对北京天安门广场的大花篮的关注度。作为中国的政治、经济、文化中心，“北京”明显具有显著性特征。

（四）接近性

接近性指的是新闻事件在某方面与受众具有相关性，包括兴趣爱好、信仰、所属行业、过往经历、地域等。有的学者认为新鲜性也属于接近性的范畴，指的是时间上的接近性，本书将新鲜性单独进行说明，这里的接近性更多指的是地域上的接近性和心理上的接近性。

地域上的接近性指的是新闻事件发生地距离受众越近，越容易引起受众的关注，新闻价值也越大。本地人更为关注本地的新闻，如本地新建了商务中心、某地标性建筑建成、本城市的节假日庆典等， 此类事件的发生可能会对个人生活产生影响，或者虽然没有直接影响，但是因为涉及个人生活的地方，也会多几分关注，从而更有新闻价值。

心理上的接近性指的是新闻事件涉及的人物与受众在心理上距离更近，在某种程度上属于同类人群或相关人群，例如，大学生群体更关注与大学生相关的新闻，有买房需求的人对于房产、房贷相关的信息更为敏感，中高考学生家长更关注中高考政策等。

（五）趣味性

早在 1925 年，伍超在《新闻学大纲》一书中就对趣味性有所提及：“何谓有兴趣之新闻？则一言以蔽之曰：凡能满足我人之希望，并能引起我人之情感者，即为有兴趣之新闻，间接更可谓有价值之新闻。”[①] 根据此解释，趣味性指的是新闻事件能够引起受众的情感共鸣，能够满足受众的情感需求。

在西方新闻界，趣味性往往与“凶杀、色情、暴力、金钱”等要素挂钩，指的是新闻最大程度地满足受众的好奇心和私欲。在我国，趣味性则更多与新闻的情趣挂钩，指的是新闻能够引起受众的兴趣，或具有人情味的特点。

“笨老头”的国货直播间，火了！[②]

9 月 10 日下午，带货主播李佳琦在直播中售卖某国产品牌时引发争议，掀起人们对高性价比国货的关注。“活力 28”是被人们从角落里想起的国货之一……

9 月 13 日，没来得及做好心理准备，穿着灰色圆领衬衫的万仲就出现在直播间里。质检的一位阿姨替他打开了美颜，“看起来还像那么回事”。

弹幕接连弹出来，“主播介绍下手头的产品呗”“支持国货”“今天我就想下单”“刚好我家也用完了”……右上角显示的观看人数不断攀升。

“兄弟们好，这是我们‘活力 28’的洗衣粉”，万仲迟疑了两秒，想不到什么华丽的话术，“就是那种……洗衣服的粉”。

万仲并不能理解网友们的玩梗，也认不出数千元的特效礼物。一位粉丝送出闪烁的灯牌，他茫然地问这是谁送的板砖，还差点把人家拉黑。

得知礼物价值，感动之余，他只觉得“可惜”。动辄数千元的礼物，“能买多少袋

① 伍超 . 新闻学大纲 [M]. 北京：商务印书馆，1925.

② 牛益彤，杨杰 .“笨老头”的国货直播间，火了！[N]. 中国青年报，2023-09-27（6）.

洗衣粉？”他劝大家要“冷静”。

在“花西子”事件后引发的国货热潮中，“活力 28”成为人们重新认识和支持的国货之一，53 岁的主播虽然对直播业务并不熟悉，但真诚又笨拙的操作让人们觉得可爱又有趣，这篇稿件让人们了解本次“活力 28”爆火的始末，也对主播万仲和品牌本身有了更多的了解，具有一定的趣味性。

综上所述，传统的新闻价值要素一般包括新鲜性、重要性、显著性、接近性、趣味性。一则新闻不一定同时满足以上五个价值要素，只要满足其中一个要素或者几个要素都可以被认为是有价值的新闻。

三、新媒体时代凸显的新闻价值要素

新媒体时代，人们获取新闻信息的方式和习惯都发生了改变，对新闻价值的判断标准也与之前不同，除了传统的新闻价值要素，有用性、可视性和娱乐性成为新媒体时代凸显的新闻价值要素。

（一）有用性

各种新媒体应用的增多，信息传播渠道的发达，致使新闻信息的类型和数量不断增加，其中不乏与个体完全无关，甚至是构成干扰的垃圾信息。在这种情况下，受众往往对对己有用的信息更感兴趣。希望能从相关的新闻中获得知识和见识的提升，或者满足自己的业余兴趣爱好。

还没出发已经亏了 5 000 多元！国庆节前机票价格为何大跳水[①]

近日，有不少旅客在社交媒体吐槽，自己还没出发，提前购买的机票却已经大幅降价，甚至有的旅客“亏损”上千元。

浙江一位旅客说，自己提前购买了往返乌鲁木齐的机票，但现在票价已经人均便宜了 1 800 元，他们一家三口出游，亏了 5 400 元。天津一位旅客则称，往返云南的机票一人现在便宜了 2 000 元，他们是一家四口出游。

界面新闻在 OTA 平台上搜索国庆期间的机票价格，看到许多航线的价格确实非常便宜，如 10 月 3 日成都出发前往乌鲁木齐的机票甚至最低只需 93 元。

节前机票价格突然大跳水，最主要的原因可能是运力过剩。

由于业内预计“十一”假期出行会非常火热，因此机票在预售阶段定价较高。但由于实际需求并不能填补所有供给，临近假期发现实际销售情况不尽如人意，许多航线还有剩余座位，所以节前机票价格又有了大幅降低。

2023 年的十一假期被称为“超级黄金周”，媒体曾预言假期每日出游量在 1 亿以上，出行方式也成为人们关注的话题，已经购买机票或者即将购买机票的受众看到这则消息都想了解相关细则，该事件的新闻价值因此得以体现。

① 李如嘉．还没出发已经亏了 5000 多元！国庆节前机票价格为何大跳水 [Z]. 界面新闻，2023-09-29.

但一味追求有用性也会产生弊端，信息传播平台会通过算法计算锁定每个人的关注领域，通过持续推送同类消息的方式锁定流量，人们容易被“信息茧房”限制，难以全面、客观地认识世界。

（二）可视性

当同类新闻可以有多种传播方式时，可视性强的形式通常更占优势。新闻的呈现方式可以是文字、图片、视频、动态图、超级链接等形式，也可以是以这些形势的组合出现。目前，以短视频形式发布的新闻广受欢迎，因其不仅符合受众信息碎片化的浏览习惯，同时视频的形式还可以增加对事实的了解或增加现场感，再配合煽情的音乐和其他剪辑特效等，新闻价值较高。

例如，2023 年秋，央视网一组题为“金秋山河多锦绣 禾黍盈满‘画’丰收”的新闻，分别对北京中轴线（图 1–6）、天津港（图 1–7）作了介绍，同时展示了黑龙江垦区水稻收获、江西婺源晒秋忙（图 1–8）、吉林水稻丰收、新疆棉花采收的不同场面（图 1–9）。整组新闻以“少量文字 + 大幅图片 + 短视频”的形式展示了金秋时节我国不同地域的锦绣山河和丰收画面，内容丰富、形式多样，可视性强，新闻价值较高。

图 1–6　北京中轴线

图 1–7　天津港

图 1–8　江西婺源晒秋忙

图 1–9　新疆棉花采收

（三）娱乐性

在《娱乐至死》一书中，尼尔·波兹曼提出：以电视为代表的新媒体都是娱乐性质的，此类媒体所展示的一切都是为了娱乐，观看电视不需要思考，但人们很容易获得情感上的满足，人们会受到电视等新媒体的影响，逐渐丧失思考能力，媒体对人们的思想认识、认知方法甚至整个社会发展都有影响，人们应该认识到媒介带来的危机。

随着时代的发展，电视早已不再被归入新媒体的行列，在报纸、广播、电视、网络等大众传媒之后，微博、微信、各类短视频平台等新媒体渐次登上历史舞台，进一步影响着人们的思维方式和行为方式，并深入到我们工作、生活的各个领域。与尼尔·波兹曼的媒介危机论不同，媒体已经成为现代人生活中重要的组成部分。

“娱乐性”也有了新的表现和理解，如今新闻信息的“娱乐性”，也可以是“某些新闻信息具备的令人感到快乐的特征”。人们喜欢以轻松的视角看待新近发生的现象，也可以用玩笑的口吻在评论区表达对新闻事件的看法。同时，表情包、慢镜头、短视频特效、搞怪背景音乐等也丰富了娱乐化的方式。

但是，并非所有话题或事件都适合娱乐，如果娱乐没有限制、没有底线，也无法被受众接受。例如，涉及历史问题、国家统一问题、军事机密、国家机密等事件或话题时，新闻传播的立场和风格还需要严格把控并保持严肃性。

第二章

新闻采访的作用和价值

第一节　新闻采访的定义和特点

一、新闻采访的定义

（一）“新闻”的定义

1. 西方新闻界关于新闻的定义

要进行新闻采访，首先要明确什么是“新闻”。作为新闻采访的重要术语，中西方不少学者都曾总结过“新闻”的定义，美国一家杂志社曾对十家媒体征集过“新闻”的概念，得出的结果却都不相同[①]。由此可见，不同的人站在不同的角度，结合自身的理解，对新闻的认识也是不同的。

美国学者卡斯帕·约斯特在《新闻学原理》一书中曾经提到，关于新闻是什么，美国有一种古老又流行的说法：“新闻”（News）一词源自罗盘的几个方向——东西南北。其中 N（North）代表北方，E（East）代表东方，W（West）代表西方，S（South）代表南方[②]。但这种说法更偏向于民间认识，缺少科学依据。

关于新闻的概念，中西方媒体的理解有所不同，西方媒体比较重视新闻的新奇性、趣味性，强调新闻应该是人们始料未及的、闻所未闻的。“狗咬人不是新闻，人咬狗才是新闻”的经典语录就出自19世纪70年代《纽约太阳报》的编辑部主任约翰·博加特之口。20世纪30年代，《纽约先驱论坛报》的编辑部主任斯坦利·瓦克尔更是提出，“新闻是建立在‘3 W’（Woman、Wampum、Wrongdoing）的基础之上的”，如果一则新闻同时具备“女人、金钱、丑闻”这三个要素，就一定会引发受众的兴趣，吸引大众眼球。

2. 我国新闻界最有影响力的对新闻的定义

我国新闻界普遍比较认可的定义是陆定一先生在《我们对于新闻学的基本观点》一文中总结的：新闻是对新近发生的事实的报道。此定义一经出现就成为我国许多新闻学者和高校新闻学子较为认可的概念。

此定义的几个核心要点“新近”“事实”“报道”，可以分别说明新闻的几个重要特点。

“事实”是对新闻真实性的反映，先有事实，再有报道，事实是第一性的，新闻只能位列第二。只有已经发生的、正在发生的或者确定未来一定会发生的事件才能称为新闻，记者主观臆断的事件不能称为新闻，新闻必须按照事实来呈现新闻。

“新近”是对新闻时效性的反映，只有近期发生的事件才更能吸引受众的兴趣。对于那些会周期性出现的事情，例如“全国两会”“春运”“十一黄金周”等，相比往年，今年的、最近的情况更被人关注，更具备时效性特征。

“报道”是新闻记者主观能动性的体现，相同的事件，不同的记者来报道，会有不

---

① 高金萍．新闻学概论［M］．北京：外语教学与研究出版社，2017．

② 约斯特．新闻学原理［M］．王海，译．北京：中国传媒大学出版社，2015．

同的新闻呈现，这与记者个人的立场、价值观、认识，甚至是知识积累和语言表达均有关系，是记者个人因素对新闻报道的影响。

当然，陆定一先生关于新闻的概念是在特定的历史时期产生的。新媒体时代，随着新闻生产方式和消费方式的变化，新闻生产者范围的不断扩展，新闻受众的参与感逐渐增加，我们期待全新的关于新闻的概念的出现。

（二）新闻采访的定义

结合新闻的概念，我们来认识什么是“新闻采访”。从字面意思理解，“采”指的是采录和搜集，“访”指的是访查和查证。新闻采访指的是特定的主体出于大众传播的目的，通过访问、观察等方式，对可能受到广泛关注且鲜为人知的信息的搜集活动。

从接触新闻线索、制订采访计划到完成实地采访再到后期采访成果呈现，新闻采访是一个纵向的过程。

二、新闻采访的特点

根据新闻采访的定义，可以总结新闻采访具有以下特点。

（一）新闻采访需“如实”反映新闻事实

新闻采访对事实的“如实反映”，首先体现在对新闻真实性的尊重，新闻报道一定要以实际发生的事实为依据，不能凭空想象或者主观臆测。其次还体现在对新闻事实细节和具体要素的描述，让人们哪怕未在现场也能对新闻现场的情形有所了解。

“布朗被数次射中后，摇摇晃晃地走出了公寓，经过了两个房子后到了弗吉尼亚街区上的‘路站’便利店。在他经过的人行道上，可以清楚地看到41个五分镍币大小的血迹。”

——美国记者马莎·米勒记一场枪击案

以上是美国记者马莎·米勒记录的一次枪击案事件，“数次击中”说明了被射击的状态，“摇摇晃晃”是受害者被枪击后的行为，而“两个房子”“维吉尼亚街区”“‘路站’便利店”都是具体的、可查可感的地点，尤其是“41个五分镍币大小的血迹”更是可以看出受害者受伤的情况以及求救的情况。此段描写虽然字数不多，但字里行间都是具体可感的文字，以具体的地点、距离和数字来展示事实，让受众虽未在现场也能了解现场的情况，同时，也可以看出记者对现场的了解，有浓重的采访痕迹。

（二）新闻采访需“公开”反映新闻事实

新闻采访最终是为了大众传播的目的，采访成果会被大量受众知晓，媒体也会利用各种渠道扩大影响。考虑到受众面较大，新闻采访在实施之前就需要适当考虑传播效果，判断新闻选题是否适合大众传播，新闻内容是否适合“公开”传播。不能满足大众传播条件的选题不适合继续跟进采访，不适合“公开”传播的内容应该适当地调整或者直接删除。

例如，2021年5月22日上午11时40分，在大连劳动公园北门发生一起严重的交通事故。一辆黑色轿车在等待交通灯时突然加速，冲闯红灯、连撞多人，造成了惨痛的后果。

通过在网络平台搜索“5·22大连轿车撞人逃逸事件”，配合新闻稿件出现的图片多是受损的黑色轿车，不涉及受伤人群，甚至未出现围观群众，对于展示现场过于惨烈的场景图片也多有作马赛克处理，以免引起受众的不适，并对受损车辆的牌照信息也进行了遮盖处理（图2-1）。这样的新闻采访做到了在反映事实的基础上，对于不适合“公开”传播的内容进行了调整。类似的情况，还有对新闻事件中的当事人进行马赛克处理等方式。

图2-1　大连劳动公园惨案涉事轿车

（三）新闻采访需“及时”反应新闻事实

人们总是期待在事件发生后，马上了解事件详情，越早报道事件的媒体越能获得较多的关注，不同媒体间哪怕报道的时间只差几秒，也会造成流量的巨大差异。所以，媒体总是想方设法地在第一时间获知最新动向，并及时传递变动信息。不少媒体，尤其是网络媒体、新媒体均设置有24小时值班人员，也能在突发事件发生后，迅速安排专业记者奔赴新闻现场。

尤其新媒体时代，自媒体的壮大使“人人都有麦克风”，不少受众也具备及时传递信息的能力和觉悟。媒体工作人员不仅需要与同行竞争，还需要面对普通受众的压力，对于及时性的追求愈加关注。

媒体记者应该尽量“及时”反应新闻事实，但需要建立在事件真实、采访扎实的基础上，不能一味地追求“及时”而忽略新闻的真实性。

（四）新闻采访需合理满足受众需求

新媒体时代，同一个事实，受众可以通过各类官方渠道和自媒体渠道了解信息，受众获取新闻的渠道增多，媒体竞争压力增大。为了使采访成果获得更多的关注，受众的兴趣和爱好已成为众多媒体和新闻从业者关注的内容。

在采访报道时，适当考虑受众的需求是必要且必须的，记者应该站在受众的角度，设身处地地考虑受众在某一阶段最想了解的事实是什么，对于某一个事实，受众最感兴趣的角度是什么，从而最大程度地吸引受众、满足受众，并培养忠实受众。

但是，媒体和新闻从业者在满足受众需求时也要有原则、有底线，不能为了抢占市场、争夺受众，一味地不加选择地迎合受众，仍需对新闻内容和呈现方式进行规范，不能为了商业目的而牺牲和忽略新闻采访作品的精神属性。

第二节　新闻采访在新闻传播活动中的作用

新闻采访作为新闻传播活动的核心业务和基础环节，在整个新闻传播活动中发挥了巨大的作用。

一、直面采访，拉近距离

采访在新闻传播活动中的作用之一就是扮演采访者和被访者之间的桥梁，承担纽带的作用。很多新近发生的新闻因其本身的重要程度备受关注，但是受众对新闻当事人并不熟悉，以至对新闻事件的认识并不真实、不全面。

一些新闻记者可以直接采访新闻当事人或者新闻当事人的家人、朋友等知情人士，了解更多与新闻当事人相关的信息。

例如，2023 年 10 月 26 日，中国神舟十七号载人飞船发射成功，汤洪波、唐胜杰、江新林三位航天员也引起了大家的注意，在他们进入太空后，大家热切地想了解与他们相关的信息。一些记者就来到了航天员江新林的家乡——河南杞县进行更多关于宇航员的信息的挖掘。如中国新闻网发文《来自航天员家乡的见证：江新林老家小院变身“露天影院”》，以“文字 + 图片”结合的方式介绍了父母对江新林的评价、关切，以及江新林的航天员成长之路（图 2–2）。

同时期，多段关于江新林的采访片段在网络流出，面对镜头，江新林父母频频表示，“我不识一个字，一天学没上”“他（江新林）从小学习就好，都是自学”“我在家等他，回来给他做馒头”。江新林父母虽然出镜说话不多，但是朴实、真实。媒体通过采访其家人、再现其成长环境，使人们增加了对江新林的了解，拉近了受众与被访者的距离。

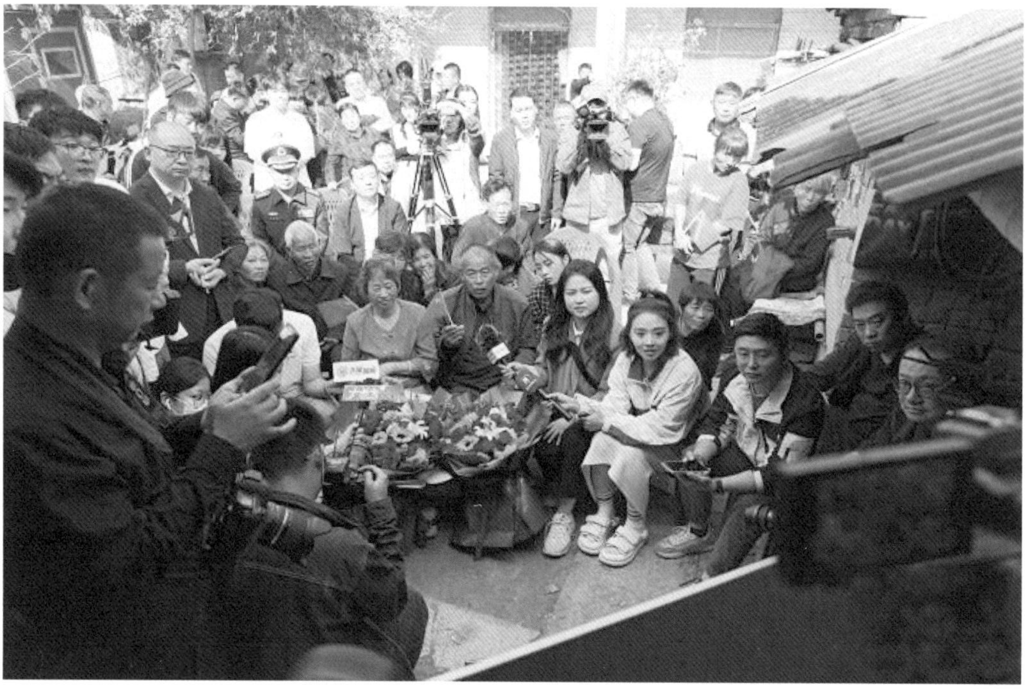

图 2-2　江新林老家小院变身“露天影院”（李贵刚 摄）

二、深入采访，呈现事实

采访在新闻传播活动中的作用之一是通过还原新闻事件发生的过程和细节，使人们了解新闻发生现场的情形。新闻的发生地可能在任何地方，但是受众的生活区域是有限的，大部分受众无法目击、了解新闻发生时的现场情况。

一些新闻记者可以直接在现场记录事件的发生过程，或能够在事后采访到现场的工作人员、目击人员，从而还原新闻事件的过程，呈现真相。

例如，2023 年 7 月 30 日，由于受到强降雨的影响，从内蒙古乌海西开往北京丰台的 K396 次列车被迫滞留北京门头沟落坡岭站，列车与外界的联系几乎全部断绝。乘务人员和旅客们一起度过了刻骨铭心的 105 小时。对于这 105 个小时，乘务人员和旅客都经历了什么，中央电视台《面对面》栏目对此进行了梳理。

《面对面》栏目组通过联系、采访乘务员赵阳、列车长杨龙、落坡岭站长马瑞新以及北京消防救援部门赵洋和部分旅客，制作、播出了一期节目《落坡岭的温暖》，详细再现了乘务工作者们解决食物问题、搬运救援物资，安抚旅客情绪，配合北京消防部门救援等过程，几乎是纪实性地再现了 K396 次列车与外界失去联系的 105 个小时（图 2-3）。

图 2-3　K396 次列车乘务员赵阳接受中央电视台的采访（《面对面》节目《落坡岭的温暖》视频截图）

在节目最后，一位旅客面对镜头激动落泪的镜头让不少观众动容。相信看完整期节目的观众也能一起感受到这种令人感动的幸福。电视节目的采访把受众拉回到了现场，使受众更能够感受现场的氛围和当事人的情绪（图 2-4）。

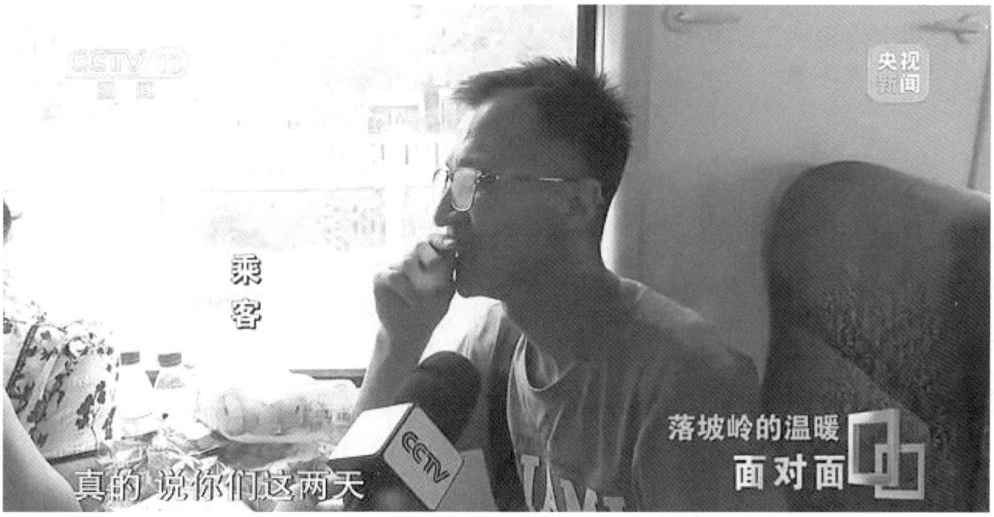

图 2-4　K396 次列车乘客接受采访（《面对面》节目《落坡岭的温暖》视频截图）

三、全面采访，引导舆论

采访在新闻传播活动中的作用之一是通过全面的、深入的探究，将新闻事实完整地呈现出来，从而影响舆论，引导舆论走向。一些新闻事件本身历时较长，或者有多个角度。受众在信息接收不全的时候容易被谣言、流言所干扰和影响。尤其当新闻事件本身是涉及较多人利益时，如果采访不全面，信息传达不及时，容易引起无端猜测，甚至造成恐慌。

例如，2023年秋冬，支原体感染席卷全国，自从9月份开始，医院接诊人数居高不下，浙江一些学校甚至还出现聚集性感染，从而出现不得已停课的情况。这次支原体感染的群体主要是儿童，且感染人数多、传染速度快。针对此流行疾病，人们通常会有诸多疑问，如对于如何确定感染的是支原体，感染后应该如何护理，如何用药等。如果有权威人士能及时给予解答，不仅能对病患提供有效的建议，还能起到安抚人心的作用。

针对此流行性疾病，不少媒体都对行业专家进行了采访，中央电视台财经频道适时推出了《正点财经：关注肺炎支原体感染》节目，采访到了首都医科大学附属北京朝阳医院副院长童朝辉，对本次肺炎支原体感染的特点、易感人群、常用药品以及许多家长非常关心的"是否会留后遗症"的问题进行了解答，避免了因为信息不对等引起的恐慌心理，对舆论进行了及时、准确的引导，有利于人们及时了解本次肺炎支原体感染的真实情况（图2-5）。

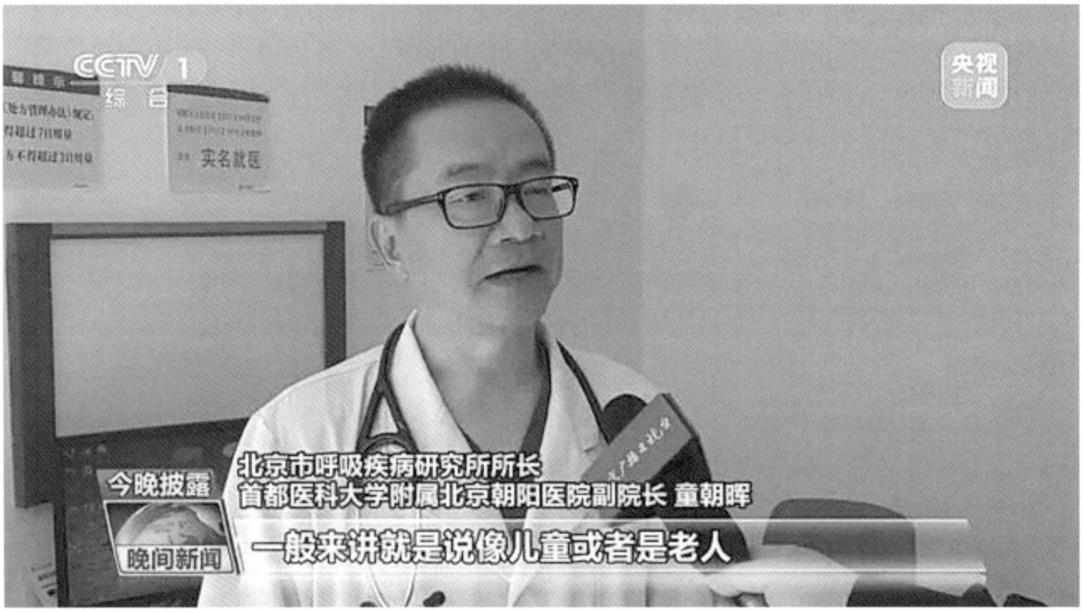

图2-5　肺炎支原体专家童朝辉接受采访（《正点财经：关注肺炎支原体感染》节目视频截图）

第三节　新闻采访在社会发展中的作用

作为新闻采访人员，除了扮演自己的个人角色外，在社会生活中也扮演着重要的角色，其不仅是忠诚的社会守望者，也是重要的信息传播者。

一、及时传播社会变动，增强受众的安全感，有利于社会稳定

倘若一个国家是一条航行在大海上的船，新闻记者就是站在船头的瞭望者。他要在一望无际的海面上观察一切，审视海面上的不测风云和浅滩暗礁，及时发出警告。他不

计自身荣辱盈亏，而是为信任他的人民服务。

——约瑟夫·普利策

上面这段话出自曾经的美国报业大咖约瑟夫·普利策，说明了新闻工作者在国家发展中的重要作用以及社会职责。

我们生活在一个幅员辽阔、人口众多的大国，无论是在我们国家，还是在其他国家，每天都会有新的事件发生。网络技术的发达，使“地球村”的概念越来越映射在现实中。人们不仅满足于个人生活的小圈子，对自己所生活的城市、国家，以及对这个世界的了解欲也越来越强烈。但受众个人对于许多新闻事件的发生并不敏感，也无法深入了解事件的进展和影响。

这个时候，新闻记者的优势就体现了出来，因为其从属于媒体机构，具备设备和技术优势，而且对于新闻事件的敏感度较高，能够迅速判断新闻事件的新闻价值，并及时进行采访和记录，使人们哪怕足不出户，也能够实时了解世界的变动，消除不安感，增强参与度，进而增强受众的安全感，有利于社会稳定。

二、促进传播者和受众之间的信息流通，有利于社会平衡

除了发现变动以外，及时地把新近的变动信息传播出去也是新闻记者的重要职责。及时的采访、及时的信息传播，可以使人们迅速了解新闻事实，同时可以影响人们的观点，甚至影响舆论走向。

目前，我国传播格局值得注意的两大渠道——“官方舆论场”和“民间舆论场”各自承担着传播变动的职责。同时，两大舆论场之间彼此流通，也促进了社会的信息平衡。

“官方舆论场”即主流媒体、政务媒体等公信力较高的权威媒体着力营造的舆论场，其旨在传播事件进展，让受众了解事件真相，体现媒体“耳目喉舌”的重要作用。“民间舆论场”即以商业媒体和普通网民为主角形成的舆论场，其信息传播速度快、角度多，感情色彩浓郁，为丰富新闻事件相关信息提供了可能性。

无论是官方舆论场还是民间舆论场，“采访”的作用都至关重要。传播者通过采访了解事实真相，并通过各自的渠道把采访到的信息传播出去。同一个新闻事件，官方媒体和民间媒体关注的角度可能会有差异，但两类媒体传播的信息彼此交融，使受众能够较为全面地了解事实真相。传播者和受传者之间及时的信息流通，有利于两者之间的信息平衡，避免因为受传者不能及时接受信息而引起的恐慌心理，二者之间及时、全面、真实的信息流通，有利于社会平衡。

第三章

新闻发现

网络和通信技术的发展，使信息量剧增，“酒香不怕巷子深”已经不适用于现今的时代，面对海量的信息，如何及时发现有传播价值的信息，成了传播者的必备能力。新闻发现是新闻采访的前提和基础，发现有价值的事实，发现与众不同的报道角度，发现合适的表达方法，将为后期的顺利采访奠定良好的基础。

第一节　新闻发现的依据

新闻发现是新闻采访的基础环节，是甄别新闻价值的过程。新闻采编者在新闻发现时，需要对新闻事实进行判断，需要有一套评价标准。但是作为专业的新闻采编人员，新闻发现并非完全随心所欲、根据个人喜好进行，而是需要结合社会环境、媒体定位以及受众需求等多方面因素进行。

一、新闻发现需要符合社会主流价值观

（一）新闻发现需要符合党和国家的政策宣传

党和国家在不同时期会根据社会环境和国家实际情况实施不同的政策。例如，根据我国人口出生情况和构成情况，党和国家在 1982 年制定实施“计划生育”政策，在 2016 年制定实施“全面二孩”政策，在 2021 年制定实施“三孩政策”。人口政策的调整根据不同时期我国人口基数和人口比例进行，在一定时期内有利于改善我国人口结构，应对不同的人口问题。

新闻发现需要结合党和国家的政策进行，与党和国家的宣传方针保持一致，寻找能够支持、体现党和国家方针政策的事件和人物。

多地推进育儿补贴政策，生一孩、二孩、三孩能拿多少钱？[①]

近日，武汉东湖高新区推出了育儿补贴新政，对 2023 年 1 月 1 日后满足相关条件生育三孩及以上子女的家庭，每年每孩可享受育儿补贴 1 万元，最长可享受至 6 周岁。

截至 2023 年 5 月 25 日，据澎湃新闻不完全统计，目前至少有 29 个地区推出了育儿补贴相关规定（图 3–1）。

补贴现状：“一孩不补、二孩少补、三孩多补”

……

最低 1 千，最高 6 万，这笔补贴如何拿到？

……

没有一孩，何来二孩、三孩？

……

育儿补贴谁能领、怎么领、给多少，无疑需要各地政府结合当地财政、人均收入等来测算。但政策能否得以真正落地生效，或许还需要更多的审思，通盘考虑这笔综合账。

① 杜海燕. 多地推进育儿补贴政策，生一孩、二孩、三孩能拿多少钱？[Z]. 澎湃新闻，2023-06-02.

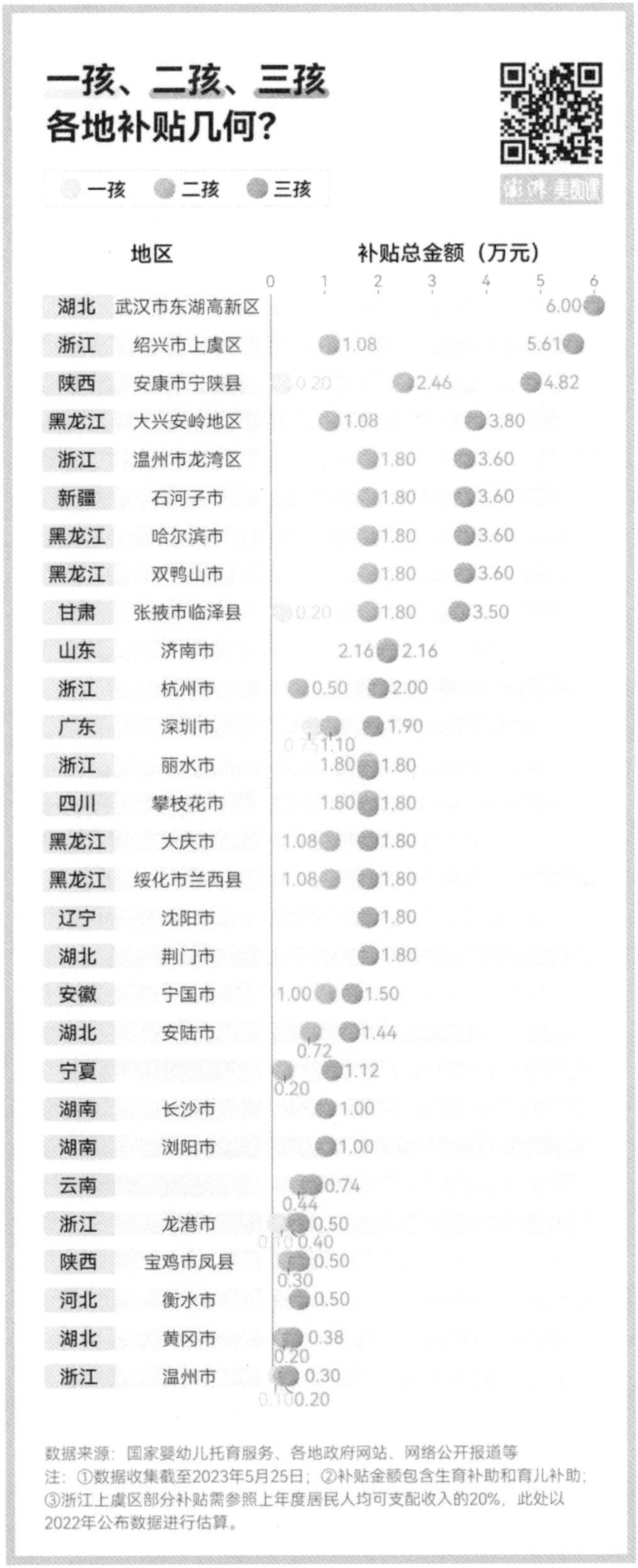

图 3-1 29 个省、市地区推出了育儿补贴相关规定（澎湃新闻）

澎湃新闻的这篇稿件以“文字＋图片”的形式整理了目前国内不同省、市、地区的育儿补贴政策，稿件前两部分内容分别介绍了目前国内不同地方的育儿补贴现状和领取育儿补贴的要求，最后一部分内容通过采访中国人口与发展研究中心主任贺丹，提出不能过度关注二孩、三孩政策而忽略一孩生育意愿的问题。

本篇新闻稿在三孩政策全面推进的时候，将各地的育儿补贴情况进行整理、对比和说明，有利于人们及时了解国内各地育儿补贴的差异和三孩政策推行的现状，也是对国家三孩政策的呼应。

（二）善于发现日常生活中的“真、善、美”

在我们的日常生活中，每天都会有不同的事件发生。有让人感动的，也有让人愤慨的，有让人格外关注的，也有让人不屑一顾的。有“真、善、美”的正面人物和事件，也有“假、恶、丑”的反面人物和事件。作为大众传播，媒体应该多发现、挖掘日常生活中正面的人物、事件进行传播，在传播正能量的同时，对其他社会民众也有一定的影响和带动作用。

作为专业的新闻从业者，应该具备及时发现身边有价值的正面事件的能力。相对于普通受众，新闻传播者需要对于身边发生的事件更加敏感，判断其是否有进一步采访、传播的必要，为信息传播积累素材。

二、新闻发现需要依据媒介定位

媒介定位的概念借鉴自市场营销学。20世纪70年代，两位美国营销大师A. 里斯和J. 曲特首次提出市场定位的概念。他们一致认为，企业应该根据消费者对产品的评价和喜欢程度，进一步突出产品的特色，从而给产品寻找特定的市场定位，树立企业形象。这一思想经过进一步发展，逐渐形成一套完整的体系，并在业界得到广泛认同。市场定位的概念帮助企业赋予产品特色，区别于同类产品，帮助企业在激烈的市场竞争中占据一席之地[①]。

媒介定位虽然借鉴自市场营销学的市场定位，但又不能完全照搬市场定位。因为媒介产品除了具有经济属性外，还需要承担一定的社会责任，不能完全以市场为导向。

媒介定位指的是对媒介产品的市场占位进行的判断。在确定媒介定位时，需要考虑媒介的所有者、媒介受众、媒介市场竞争者等因素，媒介定位的确定需要综合以上多方面因素。

（一）媒介控制者

媒介控制者指的是媒介的所有者、投资方或者对媒介有投入的组织或企业。媒介控制者可以通过行政手段、经济手段、法律手段等方式对媒介的功能和产品定位产生影响。

在我们国家，媒介组织尤其是主流媒介组织大都要受到各级主管单位的领导，例如，各级党委机关报需要接受上级党委的领导，电台、电视台需要接受广播电视局的领导等。

① 蔡雯，许向东，方洁．新闻编辑学[M]. 北京：中国人民大学出版社，2014.

媒介产品本身具有“经济属性”和“政治属性”的双重属性，这就决定了媒介组织不能完全以市场为导向运行，所有的媒介组织都需要在中央宣传部的统一领导下开展工作。

媒介定位需要考虑媒介控制者的意志，并且需要遵守政府部门对媒介组织设置的各类管理法规和政策。媒介产品的“经济属性”说明其有参考市场导向的特点，但媒介产品的“政治属性”又决定了媒介组织需要接受国家和各级主管部门的宏观调控。

（二）媒介受众

媒介受众是媒介定位需要考虑的第二大因素。媒介定位需要结合受众需求，只有满足了受众合理需求的媒体才会有持久的生命力，在媒介市场站稳脚跟。但媒介定位本身对受众选择也有一定影响，有相同兴趣爱好和关注点的人群更容易被同一个媒体吸引。媒介定位和受众需求两者之间是互相影响又相辅相成的关系。

（三）媒介市场竞争者

媒介市场竞争情况是媒介定位需要考虑的第三大因素。媒介之间的竞争不仅表现在同类媒介之间，例如，报纸和报纸、网站和网站、微信公众号和微信公众号，还表现在不同媒介之间，例如，报纸、广播、电视、网络等之间的竞争。新媒体时代，媒介的种类更加多样化，同类型的媒介数量也呈上升趋势。要想在激烈的市场竞争中占据一席之地，就需要全面分析媒介市场的情况，扬长避短，推出有特点、能吸引人的特色媒介产品。

媒介市场发展到今天，一些成熟的媒介组织早已拥有稳定的市场份额和相对忠实的受众，想要分得一杯羹，媒介组织需要对其他媒介组织，尤其是同类型的媒介组织进行分析，结合其他媒介组织的市场定位和产品特色，推出“他无我有，他有我优”的媒介产品，避免内容和风格的同质化竞争。同时，通过细分媒介市场，将受众定位精准、范围缩小，精选出高质量的、忠诚度高、购买力强的受众，实现媒介定位从“大众”到“小众”，从“广播”到“窄播”的变化。

三、新闻发现需要结合受众需求

媒介受众是媒介产品的直接消费者，也是媒介组织最直接的服务对象。媒介产品最终需要受众来查阅、浏览，受众是否喜欢，受众的需求是否得到满足，决定了受众是否还会有下一次的媒介选择行为。

任何媒体想要持久地生存下去，都必须拥有相对稳定的、忠诚度高的受众。满足受众需求，媒体通常都需要进行受众属性研究，并且针对受众需求推出新闻内容。

（一）结合受众调查，了解受众需求

受众是媒体的直接服务对象，但是媒体很难将受众具体到个人。作为大众传播媒体的受众，通常具有众多性、混杂性、隐匿性、流动性和分散性的特点。想要更好地、有针对性地服务受众，通常都需要对受众进行调查，结合数据分析结果以更好地服务受众。

媒体的受众调查形式比较多样化，可以通过资料填写、电话访问、座谈会、问卷调查、聘请新闻评议员等多种形式实现。无论通过何种形式，媒体受众调查的目的通常是为了给受众画像，搜集受众反馈信息，了解受众的媒介使用意愿、需求、态度等。

下面是“关于新闻客户端的受众使用调查问卷——以网易客户端为例”相关问卷。

关于新闻客户端的受众使用调查问卷——以网易客户端为例

第 1 题：
您的性别 [单选题]

选项	小计	比例
男	98	39.2%
女	152	60.8%
本题有效填写人次	250	

第 2 题：
您的年龄 [单选题]

选项	小计	比例
18 岁以下	13	5.2%
19–25 岁	194	77.6%
26–30 岁	24	9.6%
31–35 岁	8	3.2%
36–40 岁	6	2.4%
41–50 岁	4	1.6%
51 岁以上	1	0.4%
本题有效填写人次	250	

第 3 题：
您的学历 [单选题]

选项	小计	比例
初中及以下	10	4%
高中 / 中专 / 技校	15	6%
大专	26	10.4%
本科	181	72.4%
研究生及以上	18	7.2%
本题有效填写人次	250	

第 4 题：
您的职业 [单选题]

选项	小计	比例
学生	190	76%
企业员工	25	10%
个体商户	8	3.2%
公务员	5	2%

续表

选项	小计	比例
事业单位员工	14	5.6%
农民	2	0.8%
中高层领导、管理人员	3	1.2%
无业人员	2	0.8%
其他 [详细]	1	0.4%
本题有效填写人次	250	

第 5 题：
您平时通过哪些途径获取新闻资讯 [多选题]

选项	小计	比例
报纸	96	38.4%
杂志	75	30%
电视	127	50.8%
广播	57	22.8%
手机报	75	30%
微博	137	54.8%
微信	130	52%
门户网站（包括新闻媒体网站）	106	42.4%
新闻客户端（包括门户、纸媒新媒体、聚合类）	72	28.8%
其他 [详细]	0	0%
本题有效填写人次	250	

第 6 题：
哪个方式你花费的时间最多？ [单选题]

选项	小计	比例
报纸	13	5.2%
杂志	18	7.2%
电视	21	8.4%
广播	14	5.6%
手机报	11	4.4%
微博	59	23.6%
微信	31	12.4%
门户网站（包括新闻媒体网站）	45	18%
新闻客户端（包括门户、纸媒新媒体、聚合类）	38	15.2%
其他 [详细]	0	0%
本题有效填写人次	250	

第 7 题：
获取新闻资讯时你关注哪类新闻？［多选题］

选项	小计	比例
头条	181	72.4%
时政	131	52.4%
财经	75	30%
娱乐	139	55.6%
时尚	80	32%
科技	61	24.4%
体育	44	17.6%
房产	17	6.8%
汽车	9	3.6%
其他［详细］	2	0.8%
本题有效填写人次	250	

第 8 题：
您使用过如下哪个新闻客户端？［多选题］

选项	小计	比例
搜狐新闻	93	37.2%
新浪新闻	120	48%
网易新闻	114	45.6%
凤凰新闻	60	24%
百度新闻	53	21.2%
腾讯新闻	98	39.2%
头条新闻	40	16%
CNN 及其他外文客户端	6	2.4%
ZAKER	14	5.6%
Fliboard	5	2%
鲜果	8	3.2%
传统纸媒的新媒体客户端	11	4.4%
其他［详细］	6	2.4%
本题有效填写人次	250	

第 9 题：
您使用过的客户端中，包括新闻推送、频道设置、用户体验等，哪一个客户端您最喜欢？［单选题］

选项	小计	比例
搜狐新闻	21	8.4%
新浪新闻	46	18.4%
网易新闻	43	17.2%

续表

选项	小计	比例
凤凰新闻	32	12.8%
百度新闻	18	7.2%
腾讯新闻	43	17.2%
头条新闻	18	7.2%
CNN 及其他外文客户端	3	1.2%
ZAKER	9	3.6%
Fliboard	2	0.8%
鲜果	3	1.2%
传统纸媒新媒体客户端	2	0.8%
其他	10	4%
本题有效填写人次	250	

第 10 题：
您的浏览习惯为？［单选题］

选项	小计	比例
先浏览头条新闻或推送的要闻	141	56.4%
先浏览自己感兴趣的新闻频道	71	28.4%
先浏览非实时资讯的专题或栏目（如跟帖、投票、话题、订阅等）	21	8.4%
没有固定浏览习惯	17	6.8%
其他［详细］	0	0%
本题有效填写人次	250	

第 11 题：
您认为新闻客户端的功能最重要的有哪些？［多选题］

选项	小计	比例
信息更新速度快	170	68%
内容丰富	147	58.8%
智能推荐	83	33.2%
信息独家	71	28.4%
搜索功能	68	27.2%
在线直播	41	16.4%
专题汇总	44	17.6%
图文并茂	73	29.2%
交互体验	24	9.6%
本地化信息处理	19	7.6%
互动跟帖	21	8.4%

续表

选项	小计	比例
分享收藏	16	6.4%
音视频播放;	11	4.4%
与其他离线阅读软件共享（如 pocket、instapaper、印象笔记、有道云笔记）	5	2%
个性化订阅	27	10.8%
离线下载	3	1.2%
其他 [详细]	1	0.4%
本题有效填写人次	250	

第 12 题：
您使用过网易新闻客户端么？ [单选题]

选项	小计	比例
是	124	49.6%
否	126	50.4%
本题有效填写人次	250	

第 13 题：
您喜欢它的那些栏目？ [多选题]

选项	小计	比例
【头条】	89	71.77%
【推荐】	44	35.48%
【娱乐】	55	44.35%
【财经】	37	29.84%
【科技】	20	16.13%
【体育】	17	13.71%
【时尚】	25	20.16%
【真话】	12	9.68%
【本地】	13	10.48%
【论坛】	9	7.26%
【博客】	5	4.03%
【微博】	10	8.06%
【社会】	6	4.84%
【历史】	9	7.26%
【数码】	9	7.26%
【原创】	6	4.84%
【家居】	6	4.84%
【轻松一刻】	17	13.71%

续表

选项	小计	比例
【旅游】	10	8.06%
【教育】	3	2.42%
【聚合阅读】	4	3.23%
其他 [详细]	1	0.81%
本题有效填写人次	124	

第 14 题：
阅读相关新闻时，您关注其他网民的跟帖内容么 [单选题]

选项	小计	比例
是	101	81.45%
否	23	18.55%
本题有效填写人次	124	

第 15 题：
阅读其他人的跟帖您点过赞吗？ [单选题]

选项	小计	比例
是	74	59.68%
否	50	40.32%
本题有效填写人次	124	

第 16 题：
您点赞的原因？ [单选题]

选项	小计	比例
支持、赞同观点	55	74.32%
想让更多人看到	12	16.22%
点着玩	4	5.41%
表示存在感	2	2.7%
无特别原因	1	1.35%
其他 [详细]	0	0%
本题有效填写人次	74	

第 17 题：
您参与过跟帖吗？ [单选题]

选项	小计	比例
是	69	55.65%
否	55	44.35%
本题有效填写人次	124	

第 18 题：
您参与跟帖的原因？［多选题］

选项	小计	比例
表明自己的态度和立场	44	63.77%
希望自己的观点被更多人看到、关注	30	43.48%
为了获得金币奖励、完成任务	14	20.29%
凑热闹，围观	11	15.94%
出于习惯，没有特别原因	3	4.35%
其他［详细］	0	0%
本题有效填写人次	69	

第 19 题：
您对网易跟帖的总体评价？［多选题］

选项	小计	比例
有意思	40	57.97%
有文采	23	33.33%
没意义	16	23.19%
有态度	22	31.88%
涨姿势（知识）	13	18.84%
愤青太多	12	17.39%
没有太多感觉	5	7.25%
其他［详细］	0	0%
本题有效填写人次	69	

第 20 题：
除了新闻版块，其他版块您喜欢哪些？［多选题］

选项	小计	比例
订阅	54	43.55%
图片	68	54.84%
视频	44	35.48%
跟帖	27	21.77%
电台	19	15.32%
不喜欢	4	3.23%
本题有效填写人次	124	

第 21 题：
您使用网易新闻客户端的频率？［单选题］

选项	小计	比例
每天多次	40	32.26%
每天 1 次	29	23.39%
两三天 1 次	24	19.35%

续表

选项	小计	比例
一周 1 次左右	8	6.45%
偶尔、不固定	23	18.55%
本题有效填写人次	124	

第 22 题：
您最近一次使用网易新闻客户端浏览新闻的时间大约为？［单选题］

选项	小计	比例
不足 1 分钟	11	8.87%
1–5 分钟	26	20.97%
5–10 分钟	33	26.61%
10–15 分钟	29	23.39%
15–30 分钟	12	9.68%
30 分钟以上	13	10.48%
本题有效填写人次	124	

第 23 题：
您总共使用网易新闻客户端的时间？［单选题］

选项	小计	比例
不足半年	41	33.06%
半年至 1 年	46	37.1%
1–2 年	20	16.13%
2 年以上	17	13.71%
本题有效填写人次	124	

第 24 题：
您觉得网易新闻客户端的信息容量？［单选题］

选项	小计	比例
不够全，希望看到更多其他媒体的资讯	30	24.19%
不够多，希望有更多的原创内容，更多的个性化订阅频道	34	27.42%
足够，目前正是我需要的	51	41.13%
太多，超过了我的需要	9	7.26%
本题有效填写人次	124	

第 25 题：
您觉得与其他客户端相比较，它哪里吸引你？［多选题］

选项	小计	比例
及时的信息推送	67	54.03%
给力的跟帖灌水	42	33.87%
及时的新闻直播	44	35.48%

续表

选项	小计	比例
优秀的图片视觉	46	37.1%
独特的任务模式	27	21.77%
丰富的新闻资讯	37	29.84%
综合的新闻专题	31	25%
独特的智能推荐	10	8.06%
独特的栏目定制功能	11	8.87%
其他	5	4.03%
本题有效填写人次	124	

第 26 题：
您觉得网易新闻客户端整体存在哪些不足？［多选题］

选项	小计	比例
推广、广告太多	91	36.4%
标题党现象严重	87	34.8%
图片选择过于血腥、暴露有碍于阅读	46	18.4%
吐槽评论言辞过于激烈	71	28.4%
栏目划分缺乏个性	52	20.8%
订阅媒体内容更新不及时	27	10.8%
没发现不足，整体不错	52	20.8%
其他［详细］	9	3.6%
本题有效填写人次	250	

第 27 题：
您对网易新闻客户端整体打多少分？（满分 5 分）［单选题］

选项	小计	比例
1	8	3.2%
2	18	7.2%
3	108	43.2%
4	94	37.6%
5	22	8.8%
本题有效填写人次	250	

整个问卷调查共分27题，其中前4题主要了解受众的基本信息，包含受众的“性别、年龄、学历、职业”，剩余23题均是有关“新闻客户端”和“网易新闻客户端”的相关问题。

结合以上问卷调查结果，网易客户端可以更加了解受众属性和媒介使用习惯，尤其更加了解受众对网易新闻客户端的评价和建议，有利于进一步改进网易新闻客户端的相关页面内容。

受众调查是了解受众较为简单直接的方式，因为数据来自真实的受众，调查结果往往真实度较高。尤其是线上问卷调查的方式，因为可以结合饼状图或者柱状图的形式来展示结果，从而可以更加直接、高效地了解受众的需求及偏好。

（二）挖掘受众需要，满足受众需求

受众接触媒介产品的目的多种多样：有的希望通过媒介产品了解新近发生的事实；有的希望通过媒介产品增加各方面的知识；有的则单纯只是在闲暇之余打发时间，满足娱乐需求，且随着社会的发展和人们生活、消费方式的改变，受众需求也在不断发生变化。媒体如果想赢得市场，拥有稳定的受众，就需要持续地挖掘、跟进受众的需求。

在媒体设立之初，确定媒介定位之时，就需要充分考虑受众需求，再根据受众属性确定功能定位。同时，在媒体运营的过程中，也需要结合受众调查适时调整媒介产品或者推出新的媒介产品。

例如，传统媒体在新媒体的冲击下做出的一系列改变就是适应市场变化、迎合受众需求的典型反应。大多数纸媒都顺应市场及时设立了官方微博、官方微信、官方抖音号等，以求最大限度地满足受众需求。

以《人民日报》官方微信为例，其每天早晨的第一条新闻推送都是《来了！新闻早班车》，发布时间在早晨6点左右，分“要闻”“社会”“政策”“天气”四个版块，每个版块多以“一句话新闻”的形式概括近日的热点，篇幅短小、语言简洁，非常适合受众在上班途中甚至是早餐时间迅速阅览。最后的“天气”版块还能为受众的今日行程、穿搭提供参考，实用性很强。《来了！新闻早班车》甚至还可以直接语音播报，将原本的视觉媒介转换为听觉媒介，让受众进一步“解放双手”，更大程度地满足受众需求。

但媒体在满足受众需求时也需要做到“有所为有所不为”，受众需求也并非需要百分百满足，受众部分不合理的需要应加以剔除。受众需求需要及时地进行搜集、跟进，适时调整媒介产品的内容和形式。

第二节 新闻发现的目的

新闻发现是新闻传播活动的初始环节，能够找到合适的、有价值的新闻线索；能够发现新闻事件或现象的最佳报道角度，或者能够将同一个事实以最合适的途径进行展示，都是新闻发现的目的。及时、有效的新闻发现，能够为后续的新闻采访和新闻写作奠定良好的基础。

通常情况下，新闻发现的目的如下几个方面。

一、寻找具有新闻价值、适合采访的新闻选题

有新闻价值的新闻事件更容易被受众关注，也更具有采访的价值，判断一则新闻事件是否具有价值，可以从新鲜性、重要性、显著性、接近性、趣味性几方面来判断，这五个新闻价值标准，新闻本身满足得越多，就越有新闻价值。当然，新媒体时代，除了以上五个传统的新闻价值标准，也可以从娱乐性、有用性和可视性等方面判断一则新闻事件是否具有新闻价值。

在新闻发现阶段，除了要判断一则新闻事件是否具有价值，也需要判断其是否适合采访。并非所有发生的新闻事件都适合采访，也并非所有能采访到的新闻事件都适合公开传播。在新闻发现阶段，新闻采写者也需要预判选题是否适合采访、是否适合公开传播。

例如，有一些新闻事件，虽然可能满足接近性、趣味性、显著性等新闻价值，但是事件本身涉及个人隐私、商业机密或者国家机密等，并不适合采访，更不适合公开传播，这类新闻选题可以在初始阶段就不要去触及，以免浪费时间、精力。

或者，有一些新闻事件虽然可以抓到零星的新闻线索，但是并没有更多的可以采访报道的信息，哪怕前期投入了大量的人力、物力，后期也可能因为新闻要素不全、可采访人员不够而无法继续推进，这类选题也可以在初期放弃。

二、确定新闻事件最佳的报道角度

新闻发现在选择了有价值、适合采访的新闻选题之后，还需要择优选择最适合采访、报道的角度。在选择报道角度时，可以首先将新闻事件能够采访、报道的角度全部列出，然后再从中选择一个或多个角度重点关注。

在选择采访角度时可以站在受众的立场，以受众的视角和思维判断其最感兴趣的部分是什么，结合受众需求确定采访角度，以展开后续的采访报道。同时，也可以预判同类媒体最可能选择的采访、报道角度，以求另辟蹊径，避免内容同质化。

从“第一”到“第一” 7本火车驾驶证见证“中国速度”[①]

70年前的今天，在李国方的记忆里是模糊的，但在中国铁路史上，却无比清晰。

那是1952年7月1日，新中国成立后建成的第一条铁路——成渝铁路通车，他的父亲李鸿升拉响了首班列车的第一声汽笛。3岁的他，被大哥抱去现场观看。此后70年间，李国方和他的儿子，先后也成了火车司机。

祖孙三代司机收藏的7本火车驾驶证成了“传家宝”，它们见证了中国铁路从时速40公里到350公里的飞跃，也见证了中国铁路多个“第一”的进阶之路。

---

① 连肖，佘振芳，李文科．从“第一”到“第一” 7本火车驾驶证见证“中国速度”[Z]．华龙网新重庆客户端头条，2022-07-01．

新中国第一条铁路通车

一声汽笛，圆老百姓半世纪铁路梦

泛黄的驾驶证上，手写的名字“李鸿升”笔力遒劲。他是新中国第一代蒸汽机车司机，2本驾驶证至今保存完好。

“成渝铁路的第一辆火车就是蒸汽机车，车号是3859。车头挂着毛主席画像，插着鲜艳的红旗，庄严的党徽在车头上闪闪发光……”

儿时，李国方一次次听父亲讲起通车那天的故事——天蒙蒙亮，重庆菜园坝已是人山人海。10点整，时任铁道部部长的滕代远笑着剪断火车前方的红绸。

“呜——”李鸿升抬手抓住汽笛阀手柄，长长的汽笛声响起。在山城人民巨浪般的欢呼声中，火车缓缓驶出重庆火车站，气势磅礴地驰骋在新中国第一条铁路上。

“成渝铁路，西南地区人民苦盼了半个世纪。”李国方难忘父亲谈起这条铁路时严肃的神情。

20世纪初，清政府筹办川汉铁路，西段是成渝铁路，但将筑路权卖给了列强。1935年，国民政府决定修筑成渝铁路。但直到1949年，一寸钢轨未铺。

新中国成立之初，百废待兴，工业基础十分薄弱。在极其艰难的条件下，党和政府仍下定决心修建成渝铁路，带动西南地区经济社会发展。

1950年，成渝铁路开工。十余万军民，集结成筑路大军。

现年90岁的孙贻荪是成渝铁路的修建者，他至今难忘修路条件的艰苦，可大家浑身都有使不完的劲儿，“没有鞋子就打光脚板，没有先进工具，就用手握钢钎一点一点砸开石头。”

“修路所用的木材、钢铁等物资紧缺。”李国方指着自己珍藏的影像资料感叹，这些木材都是铁路沿线老百姓捐献的，有人甚至捐出了自己的寿材。

两年后，505公里的成渝铁路建成通车。这是新中国成立以来，完全由中国人民自主建设的第一条铁路。

从此，成渝两地通行时间从7天水路缩短到13小时。

千年“蜀道难”历史改写

一路高歌，改革春风吹遍中国大地

“开蒸汽火车不仅要技术，也要力气。”1980年，31岁的李国方也成了成渝铁路上一名蒸汽机车司机。

驾驶室内三个人，一人负责操纵机车行驶，一人铲煤，一人瞭望和监控。“铲煤最累，一铲子下去，得将几十斤煤铲进锅炉。驾驶位就在锅炉旁，夏天得忍受五十多摄氏度的高温，衣服全湿透；冬天要探头瞭望信号灯，窗户必须敞开，冷风呼呼往里灌。”李国方回忆道。

因铲煤浑身沾满粉尘，那时司机们调侃自己：“远看像要饭的，近看像挖炭的，仔细一看是机务段的。”

此后，成渝铁路迎来内燃机车。李国方拿到内燃机车驾驶证后很是欣喜，“再也不用像蒸汽机车那样费力铲煤了。”

26年火车司机生涯，李国方经历了蒸汽机车到内燃机车，再到电力机车的技术变迁，攒下了3本驾驶证，也见证了川渝地区“一路通、百业活”的经济腾飞。

“巴蜀大地物产丰富、人口稠密。”李国方驾驶货运列车时亲眼看到，荣昌的煤点燃万家灯火，内江的糖、自贡的盐销往全国……1200 多种从前不能外运的西南特产，被大量运往华东、华北等地区。

成渝铁路激活了成都、重庆及沿线 10 多个城市的“一池春水”。数据显示，至 20 世纪 90 年代初，沿线地区年人均工农业总产值从通车前的 183.2 元提高到 3218 元，增长了 17.56 倍。

时光飞逝，除了成渝铁路，沪蓉线成遂渝段、成渝客专陆续开通，将成渝双城融入了全国高速铁路网。

除了奔驰在广袤的神州大地，成渝两地的火车还一路向西，载着电子产品、机械零部件、汽车等开往欧洲。

2011 年 3 月 19 日，首趟中欧班列从重庆团结村始发，揭开了我国开行中欧班列的序幕。

2021 年 1 月，成渝两地的中欧班列统一为中欧班列（成渝）。2022 年 6 月 30 日，中欧班列（成渝）第 20 000 列从重庆和成都同时发出，分别驰往德国杜伊斯堡和波兰罗兹。

成渝铁路及与之接轨的国内国际大通道，让成渝地区双城经济圈积极融入“国际国内双循环”大格局中，并与国家“一带一路”倡议无缝连接。

多项高铁指标世界第一

70 载巨变，书写中华民族崛起奇迹

2020 年 12 月 24 日，重庆沙坪坝站。

已经开了 20 多年火车、拥有 2 本火车驾驶证的李治刚，拉响嘹亮的风笛。如爷爷李鸿升当年一样，李治刚也成了一名首发司机。不过他开的是最先进的“复兴号”，62 分钟后，便抵达成都东站。

“从蒸汽机车时速 40 公里左右，到今天的时速 350 公里。我们圆了爷爷那辈人的‘铁路贴地飞行梦’。”李治刚说。

让李治刚感慨的不止是速度，还有“高铁强国”的崛起。

2017 年，具有完全自主知识产权的中国标准动车组复兴号投入运营，标志着我国高铁技术装备开始领跑世界。

李治刚坐在驾驶室内，再也不用像爷爷和父亲一样，要探头出去瞭望信号灯。靠着先进的 GSM-R 无线通信传输列车控制信息，他就能准确判断前方路况。

据国铁集团数据，截至目前，中国高铁运营里程突破 4 万公里，稳居世界第一，铁路电气化率、客运周转量、运输密度指标也位居世界第一，商业运营速度世界最快，运营网络通达水平世界最高。

预计到 2025 年，全国铁路运营里程将达到 17 万公里左右，其中高铁 5 万公里。

变化不仅在数字里，还藏在细节中——从纸质车票到电子票，从窗口排长队买票到互联网购票，从人工检票到自助验证刷脸乘车，从推车卖货到网上订餐……

70 年，从新中国第一条铁路通车，到中国高铁多项指标世界第一。祖孙三代成渝铁路司机，见证着中国大地上跨越时空的“沧桑巨变”，也见证着勤劳勇敢的中国人民，在共产党领导下书写的历史奇迹。

在新中国第一条铁路成渝铁路建成通车 70 周年之际，不少媒体都把采访报道的目光对准了中国铁路建设。尤其重庆当地媒体，更是通过各种表达形式书写成渝铁路的历史意义，“见证川渝巨变，书写精彩未来”类的文章频频见诸报端。

以上华龙网新重庆客户端头条文章《从“第一”到“第一” 7 本火车驾驶证见证“中国速度”》，可谓另辟蹊径，以一家三位火车司机的 7 本驾驶证为切入口，通过三代人的视角，展示了中国铁路 70 年间从时速 40 公里到时速 350 公里的飞跃，也见证了中国铁路多个“第一”的进阶发展之路。整篇报道以小人物的经历折射大时代的变化发展，同时穿插了大量对工作内容的回顾和感受，人物鲜活，细节感人，让受众在阅读之后能够真切地感受到 70 年间中国铁路的发展，民族自豪感油然而生。

《从“第一”到“第一” 7 本火车驾驶证见证“中国速度”》的浏览量超过 300 万次，并被人民网、光明网、学习强国等平台转载，还被西南铁路公众号等平台转发，在社会各界均引发强烈反响，后来成为第三十三届全国网络媒体首个中国新闻奖通讯类一等奖获奖作品。

三、选择新闻事件最优的表达途径

确定了新闻选题和报道角度后，还需要考虑新闻事件的表达途径。例如，此新闻事件最终是以文字、图片、视频或其他什么形式展示，或者新闻事件最终将在报纸、广播、电视、网络、新媒体哪种媒体上展示。然后根据展示形式和展示平台的不同，有区别地展开采访或摄录。

以文字稿件为例，如果新闻采写者最终要以文字形式展示新闻事件，还需要进一步思考稿件的体裁是新闻消息或新闻通讯还是新闻评论等。如果新闻事件时效性较高，且事实本身已经足够重要，可以优先考虑新闻消息，采访报道的重点是告知受众新近发生的事实。如果事件已经发生了一段时间，受众对大概的事实已经比较了解，那么可以考虑选择事件的一个或几个要素深入分析，重点是带受众更全面、更深入地了解新闻事实。如果一则新闻事件在发生后引起了受众较多的关注，迅速成为舆论讨论的热点，且讨论的论点比较多样化，甚至已经出现了不同观点彼此站队的趋势，则可以考虑新闻评论，有理有据地对新闻事件进行客观、公正的分析，重点是引导大家客观、理性地认识新闻事件，同时，适当地引导舆论走向。

新闻体裁的不同也会影响稿件的语言。新闻消息语言客观、简洁，以输出新闻事实为主，基本不对人物和事件作浓墨重彩、精雕细刻的描述。表达方式以叙述为主，少有议论，基本不予抒情，方便受众迅速获知事实。新闻通讯语言较为自由，风格多样，可以深沉，可以活泼，也可以有一定的文学表达色彩，有利于受众从不同侧面、深入了解事实。而新闻评论语言公正、犀利、有深度，论点明确、论据丰富、论证充分，便于受众正确认识事实，且有一定的引导作用。

新闻采写者在新闻发现阶段可以从事件性质、事件时效性、受众期待等多方面考虑新闻事件的表达途径，以求有目的、有重点地展开后期的采访、报道。

第三节　新闻发现的方法

新闻发现的时机较为多样化，既可以在新闻事件发生之前，也可以在新闻事件发生之后，甚至可以与新闻事件同步进行。

如果新闻从业者可以在事件发生之前了解与事件相关的信息，新闻发现的过程通常较为简单、顺利，可以通过已经掌握的信息预测新闻事实的走向，预设新闻事件的价值。为了保障时效性，甚至可以做多手准备，如体育比赛的胜负、申奥的成功与否等与新闻事件相关的信息。此类事件多是比赛、庆典等正面事件或中性事件，新闻记者一般都可以在事件发生之前就知道事件发生的时间、大概内容等，可以提前做好大量的准备工作，以保证新闻发现有充足的时间。但此类事件因为多是周期性发生，媒体间的采访报道通常容易出现同质化倾向，记者在新闻发现阶段尤其需要注意报道角度的创新。

如果新闻记者是在新闻事件发生之后才了解到事件相关的信息的，新闻发现的过程通常较为曲折。此类事件一般分为两种：一种是突发性的新闻事件，如自然灾害、社会安全事件、公共卫生事件、社会事故等；另一种是新闻事件主体有意隐瞒的负面事件。这类事件要不事发突然，记者之前毫无准备，要不是新闻主体有意隐瞒，甚至释放虚假消息以阻挠采访报道的进行。记者有时候只能依靠零星的信息并结合自己的报道经验判断事件性质、预设报道价值、选择报道角度。在事件发生之后的新闻发现通常时间短、过程艰辛、要求多。除了结合零星的已有的新闻信息，记者本身对事件的认识和思考也很重要。

新闻发现与新闻事件同步进行的情况主要指的就是现场直播。这类事件的新闻发现和新闻采访报道是同步进行的，在事件发生过程中适时确定报道重点、调整报道方向，对记者的媒介素养和现场反应能力有较高的要求。

新闻发现一般有以下方法。

一、能及时捕捉新闻动态、判断新闻价值

在新闻发现阶段，如果从事实和价值角度判断新闻事件可能会受到受众欢迎，就有进一步展开采访报道的必要性。

我们的身边、我们的国家、我们的世界每天都有许多事情发生，这些事情有大有小，有能公开的也有不能公开的，有的具有新闻报道价值，有的并无新闻报道价值。新闻发现主要表现在预测新闻事实原貌和预设新闻事件价值两方面。

新闻发现的首要任务是预测事实原貌，作为新闻记者，本身要对身边发生的事件足够敏感：当接触到零星的信息时，要能够迅速地判断此信息有没有继续深挖的必要；此信息折射出的新闻事实原貌有可能是怎样的；该事件是否会受到受众的欢迎。要从事实的角度首先对发现的新闻线索进行判断。

新闻发现的主要任务是判断新闻价值，新闻事件是否值得进一步展开采访报道，主

要看其是否具有新闻价值，新闻事件是否具有新鲜性、重要性、显著性、接近性和趣味性，能够满足越多的新闻价值要素，就越有进一步展开采访的必要性。同时，新媒体时代，除了以上传统的五个新闻价值标准，娱乐性、可视性和有用性也是判断新闻事件是否具有新闻价值的重要标准。

二、能迅速结合事件特点预设报道选题

确定新闻事件可能具有新闻价值后，要进一步结合事件特点确定新闻报道体裁，进而明确报道选题。

有些新闻事实对时效性要求较高，涉及的事件、人物、过程都比较简单，人们关注的重点是事实本身，就可以考虑消息体裁。新闻记者的传播目的重点是输出事实，无需作多余的解释和分析，甚至也无需考虑语言表达技巧等。如果新闻事件本身比较复杂，事件延续时间较长，涉及的主体较多，比如常被新闻记者称为“母矿脉”的社会热点事件或重大新闻事件，这类事件通常像一个大的矿脉，只要肯挖掘，就可以从不同的角度、不同的侧面，发现较多的新闻选题和报道方向。这类新闻事件通常较为复杂，且受众关注度较高，就可以考虑通讯体裁。在阐述事实的基础上进一步分析原因、还原过程或者探究真相等，可以让人们在了解事实的基础上获取更多的关于事实的分析。如果新闻事件已经较为清晰、全面，人们讨论的热度较高，甚至已经出现了正反两类观点的对峙，受众也有站队的现象，就可以考虑写作新闻评论，在输出观点的同时，适当地引导舆论。

明确体裁后，紧接着就是新闻报道选题的确定。选题的确定通常既要考虑受众需求，也要考虑同质化的可能性，结合受众需求和新颖的报道角度确定的选题才最有可能被认可。

三、能根据再发现的新闻事实调整报道方向

新闻发现的时机可以在新闻事件发生前、发生时或者发生后。有些已被采访报道过的新闻事实，随着记者的再发现，也可以诞生新的新闻选题。有些正在进行中的新闻事件，随着时间的推移、事态的发展，也可能出现新的报道线索。新闻发现也可以是一个持续性的环节。

新闻再发现往往意味着新的新闻选题的诞生或者原本采访报道方向、角度的调整，有的时候，新闻报道体裁也会调整。例如，2023 年，网络上突然火爆的的海底捞“科目三”舞蹈，引起了很多网友的讨论，媒体也竞相对其进行了报道。前期的报道比较集中于不同地域海底捞门店安排，门店对员工跳“科目三”的态度，以及受众评价等方面，但随着此舞蹈在全国各地的海底捞陆续上演，受众的评价也出现了分化。除了调侃性的围观外，不少网友也从比较理性的角度对海底捞员工跳“科目三”舞

蹈的必要性进行了探讨。《劳动报》适时地发布了《海底挥员工学跳“科目三”！超越工作范畴的“离谱技能”能拒绝吗？》的报道，在阐述事实的基础上结合了评论，引导受众从劳动合同和法律的角度看待此事件。

劳动微评[①]

近来，“薅员工技能羊毛”的现象屡见不鲜。像海底捞服务员学跳舞，还可以称为给顾客提供附加服务，但更普遍的现象是让职工以本职工作之外的技能为单位提供劳动附加值，甚至是为上级、领导提供私人服务。

有人认为做一些工作以外的事，也是一种成长。也有人认为这纯粹吃力不讨好，但考虑到职业发展，只得忍气吞声，完成这份“分外的硬性任务”。

那么，员工可以拒绝被单位薅技能羊毛吗？从法律角度来看，劳动合同如果明确约定了劳动者的工作内容，改变工作内容属于对劳动合同做变更，需要和劳动者协商一致，劳动者有权拒绝。

① 范晨光．海底捞员工学跳“科目三”！超越工作范畴的“离谱技能”能拒绝吗？[Z]．劳动报微信公众号，2023-11-22.

第四章

访前策划和准备

新闻采访活动大都需要提前做好策划和准备。对于能够提前获取信息的预知性事件，记者有较为充足的时间做策划和准备，但是因为报道的媒体较多，策划的重点偏向报道的角度如何创新。突发性事件因为事发突然，记者通常没有充足的时间做准备，策划的重点是如何在保证时效性的同时传播事实。

无论是预知性事件还是突发性事件，为了保证采访报道成效，策划和准备都是必需的环节。因新闻事件的内容和性质不同，访前准备的重点也会有所差异，但通常表现在选题确定、采访计划策划和采访对象分析三个方面。

第一节　新闻选题的明确

新闻选题指的是新闻报道的内容，可以是具体的新闻事实、也可以是新闻事件的某一个角度、方向。新闻选题的确定一般需要结合新闻事件的内容和性质，并且考虑媒体定位和受众需求等因素。

一、按选题内容划分

（一）侧重报道新闻事件整体

此类选题一般涉及重大事件或突发性事件，事件本身具有较强的吸引力，比较强调采访报道的时效性，人们急于了解与事件相关的所有事实，甚至可以忽略掉事件的表达形式或者语言技巧。此类事件的选题确定应该侧重于事件本身，同时尽可能多地搜集与事件相关的细节。

（二）侧重报道重点的新闻要素

除了整体概括性地展现新闻事件，新闻选题也可以侧重采访报道新闻事件中的某一两个要素。比如新闻 5w+1 h（人物 who、事件 what、时间 when、地点 where、原因 why+过程、影响 how）中的任何一个新闻要素。新闻记者多从事件“原因”和“影响”着手，或者是对事件过程中的细节进行探讨。此类新闻选题一般对时效性要求不高，甚至是在新闻事件发生一段时间后才提出，如果新闻事件在发生一段时间之后仍然具有采访、报道的价值，选题都会比较侧重深度挖掘和细节分析。

（三）选择新闻事实的某个角度

有些新闻事件涉及多个主体，事件延续时间久，涉及要素多。例如，常被新闻记者称为“母矿脉”的新闻事件[①]。这类新闻事件经常呈现出多向度、多侧面、多层次的特点，因果关系复杂、新闻要素错综缠绕。如世界性的经济危机，中国每年的“两会”报道，突发的自然灾害或公共卫生事件等。这类新闻事件在不同阶段或者同一阶段都可以解读出不同的角度。

---

① 罗以澄．新闻采访与写作[M].北京：高等教育出版社，2020.

而且，由于受到采访记者本人的价值观和知识积累的影响，对于同一个新闻事件，不同的记者也会有不同的解读，选择事件的不同侧面会产生不同的新闻选题。

二、按选题顺序划分

（一）按照纵向顺序采访报道

纵向顺序就是时间顺序，即按照事件的发生、发展、高潮和结尾将事件进行报道。通常适用于会议、论坛或者其他流程感较强的事件；或者随着时间推移，新闻人物的变化、成长；或是随着时间进度，新闻事件发生了不同的演绎等。纵向顺序较为简单、好操作，但是如果处理不当、重点不清的话容易出现流水账的效果，所以，也比较考验记者的综合能力。

如，第三十三届中国新闻三等奖获奖作品《广东经济24小时：昼夜流转 活力不息》：

广东经济24小时：昼夜流转 活力不息①

黎明前烟火燃起，夜色中霓虹闪烁；田地里辛勤耕作，工地上挥洒汗水；车间厂房机器轰鸣，实验室里创造奇迹……

虽然全球经济增长放缓，但广东经济依然展现出强大韧性。当昼夜流转的时间刻度，投射在广东这片高质量发展的热土上，每一个时轮里，都演绎出活力不息的故事。

朝气蓬勃，从山海到城市弥漫着忙碌气息

……

骄阳似火，每一处建设现场都奋战正酣

……

夜幕徐降，夜色中的广东人气不减、活力不息

……

繁星之下，设备轰鸣奏响一首别样的“不眠曲”

……

天色破晓，夜班、白班的物流司机交接完毕，又一个“不打烊”的24小时开始了。

货车开足马力，如同强劲的脉搏，激活广东的每一条“毛细血管”，它们驶向农田、驶向海港、驶向广东每一个经济活力蓬勃的地方……

文章整体呈现总—分—总结构，正文部分则是明显的纵向结构，按照时间顺序，用四个小标题将广东的24小时串联起来，在上午、下午、夜晚、凌晨的每一个阶段，穿插不同经济场景的画面，呈现广东昼夜不同、生生不息的经济活力。

（二）按照横向顺序采访报道

纵向顺序一般是按照时间顺序来展开，而横向顺序一般涉及空间要素。例如，同一件新闻事件的不同侧面，同一个新闻主题不同地域的表现，或者同一件新闻事件中，正、反两方面的表现等。横向顺序一般都要涉及对比，在比较中得出结论。

---

① 昌道励，陈晓，宾红霞，等．广东经济24小时：昼夜流转 活力不息[N].南方日报，2022-08-29（1）.

第二节 采访策划的实施

新闻选题的确定是采访策划的第一个步骤，在选题确定的前提下，就要思考具体的采访策划。采访策划包括明确的采访目的、选择采访方式、写作采访提纲以及其他具体的采访准备工作。

一、明确采访目的

采访目的就是采访想要达到的目标或效果，带着目的的采访才能既全面又有重点，没有目的的采访容易导致采访变成流水账，不便于受众接受。所以，在采访之前，就要首先明确本次采访是为了让受众知道什么？打算做一次怎样的采访？这样的采访能不能给受众以启示？

根据具体的新闻事件，采访大体可以分为针对事件的采访和针对人物的采访两类，采访对象不同，采访目的也会不同。

（一）针对事件的采访目的

事件的性质不同和媒体的功能定位差异及受众的需求不同，会导致对于事件的采访目的也有所差异。

1. 以呈现新闻事实为目的

有些新闻事实本身比较简单，新闻要素明确，持续时间较短，属于常说的“动态消息”，此类新闻记者一般只需简单地呈现事实就可以。尤其是有些媒体的定位主要就是发现和传播新近发生的事实，如各个地方的日报、电视节目中的“每日新闻”、短视频平台的一些账号等，内容更新速度较快，呈现出的事实简洁、明确，较少有深层次的分析。

2. 以分析新闻事实为目的

有些新闻事实本身比较复杂，或者涉及主体较多，或者持续时间较长，或者伴随多种不同的声音，人们对于这类事件的需求已经不再是浅层次地了解新闻事实了，而是想要深层次地了解其背后的原因或者造成的影响，或者是专家、学者、网友们对此事件的态度等多方面更深层次、更全面的内容。针对这类事件，记者采访的目的要更多地偏向于分析隐藏在事件背后的因素，要能够看到同类事件之间的关联，甚至有些新闻事件涉及隐瞒事实和虚假信息，新闻记者还需要进行深层次的调查，才能了解真相，呈现令人满意的采访报道。

例如，2023 年冬，“国产羽绒服卖到 7000 元”的话题突然在网络火爆，引发了不少网友的讨论，有的网友认为国产羽绒服卖 7000 元的价格太过离谱，也有人认为国产品牌也有高端产品，卖到 7000 元无可厚非。较高的讨论度引起了媒体的关注，其中《第一财经》推出《国产羽绒服卖到 7000 元？供应商给出“高价”背后真相》一文，通过采访多个地方的服装制造商和供应商，对此话题进行了回应。

文章首先申明，所谓的“卖到 7 000 元”很多时候只是标签价值，实际售价往往都与标签价格差别很大，标签价格 2 000 元，实际到手 129 元也是有可能的。其次，国产羽绒服标价 7000 元并非表示所有羽绒服都会卖高价，只有定位高端或差异化的产品会标价较高。再次，目前国产羽绒服的面料也在不断地探索升级，不再满足于以前简单的保暖功能，现在的面料加入了不少功能化、科技化的因素以满足消费者更多的需求，而且，不少国产品牌也越来越注重品牌化建设，随着当地产业链的品牌转型和设计师的引入，也会导致价格的提高①。

针对“国产羽绒服卖到 7 000 元”这一热点话题，《第一财经》这篇文章并没有停留在表现事实的呈现，而是针对这一现象的现实环境和背后原因进行了探讨和分析，内容有理有据，采访目的很明确。

3. 以宣传新闻事实为目的

还有些新闻本身具有较强的宣传属性，新闻采访的主要目的是预告事件的发生或者扩大事件的影响，采访主体希望通过新闻报道使更多的人知道正在发生或即将发生的事情。例如，企业的新品发布会，影视剧在上映前的各种宣传推广，或者地方举办的各类论坛、活动、旅游产品推介会等。对于这类事件，新闻记者的主要目的是吸引受众注意，同时，如果后期还有系列的相关活动，记者在初期的采访报道中也可以保留一点神秘感。

（二）针对人物的采访目的

新闻人物的身份地位不同，性格特征不同，新闻采访的目的也会有所不同。有的采访是突出人物事迹，有些采访是表现人物性格，还有些采访则是描绘成长历程。

1. 对于有关注度的“明星”式人物

“明星”式人物指的是像明星一样关注度较高的人物，包括明星、时代先进模范、行业精英及拥有流量的网络红人等。对于此类人物，采访目的以呈现新近变动为主。

这类人物或因突出的贡献被时代铭记，或因做出了明显的成绩被受众夸赞，或因为有精彩的代表作品或者是较高的流量被受众喜欢。总之，相对于普通人群，这类采访对象因为拥有一定的受众基础而更容易保证传播效果。但是，“明星”式人物一般日常行程安排较满，对于记者来说，把握恰当的采访时机很重要，同时，要在尽可能短的时间内采访到有价值的信息。同时，因为“明星”式人物较高的曝光率，受众对其有一定的认识基础，常规信息不太能引起受众的兴趣。在采访报道前，要明确采访目的是尽可能呈现与人物相关的新近的新闻事实，才更有可能被受众所接受。

2. 对于有事迹的平凡人物

平凡人物指的是没有特殊身份、地位、名气的人，我们身边的大多数人可能都是普通的民众，虽然没有太多的光环，但是有部分人同样具有较大的潜在采访价值，尤其是当平凡人物做出不平凡的事迹时。对于此类人物，采访目的以呈现与人物相关的事迹、凸显人物的优秀品质为主。

① 缪琦．国产羽绒服卖到 7000 元？供应商给出‘高价’背后真相 [Z]. 第一财经，2023-11-27.

大千世界的普通人千千万万，某个个体在平日里并没有太多被大众注意，但是当其做出非凡的事迹来时，媒体和受众就会迅速关注。例如，《人民日报》官方微信公众号平台曾报道一则新闻《送外卖途中跳桥救人，上岸后，还准时送完两单！》，对四川眉山外卖员周海的事迹进行了报道。周海虽是普通的外卖小哥，但其勇敢的行为、优秀的品质却使他极具采访报道价值。类似这类事件还有很多：在暴雨大风天气中，帮忙抱起“轮椅妈妈”的民警；在冬天看到马路边摊主家孩子衣着单薄，马上回到家给孩子送来厚衣服的阿姨；在驾驶汽车通过马路时，看到老人无法快速通过斑马线而停下来耐心等待，不按喇叭不催促的司机。诸如此类，虽然事件没有多么轰动，但正能量满满。

在我们的身边，有许多这样令人敬佩的平凡人物，这些人可能并非是传统意义上的“社会精英”，但是他们善良、勇敢、有爱心，在关键时刻伸出援手，对他们的采访报道不仅是对他们行为的肯定，而且对他人也能起到正面的引导作用，有利于社会风气的塑造。

3. 对于关注度较高的“冰点”式人物

这类人物与前两类不同，他们并非因为卓越的成就或是非凡的事迹被媒体和受众关注，甚至本身并没有特别值得提及的先进思想或特殊事迹。他们之所以被关注，是因为他们特殊的生存状态，或者与生俱来的命运安排。那么对于这类人群的采访，主要目的就是展现他们的生存状态、生存困境、未来安排等。

例如，“空巢青年”这一群体。与“空巢老人”不同，“空巢青年”是一个新出现的网络词汇，指的是远离家乡、远离亲人，孤身一人在大城市打拼的当代年轻人。他们在大城市并没有稳定的居所，还要承受情感的孤独和工作的压力，是一群物质和情感均得不到保证的人群。对于这个群体，应该引起受众的关注，对于他们的生活、工作、情感等方面的采访报道，有利于受众提高对当今青年群体的认识。

类似这样的“冰点”式人物还有很多。例如，2023 年开学季，多个城市小学学位紧张，山东某学校甚至达到了小学一年级 43 个班的规模，有消息甚至称之为“最难入学季”，只因 2016 年放开二孩后，生育高峰期出生的头一批“二胎宝宝”已经到了小学入学年纪，数量如此庞大的一批学生，他们以后的学习、生活、毕业、工作的状况等，包括与之配套的社会机构设置，都是非常重要的社会问题，应该引起相关部门的重视，这就具有较大的采访价值。

4. 对于负面事件的负面人物

负面人物也是采访报道的对象之一。负面人物基本都与负面事件相关，有些人物甚至深陷舆论谴责的漩涡。针对这类人物的采访有一定的难度，没有外力的影响，负面人物通常不愿意接受采访。那么对于这类人群的采访，主要目的就是展现他们行为的动因，使受众了解他们的心理，并且切记不可对负面人物作英雄化处理。

二、选择采访方式

采访方式多种多样，除了当面采访，还可以辅助网络采访、隐性采访等方式，尤其互联网时代，线上采访的便捷性日益凸显。在采访准备阶段，可以根据新闻事件的性质和采访目的选择合适的采访方式。

（一）面访

面访即采访者和采访对象面对面访谈的方式，是新闻采访最基础、最直接的采访方式。

1. 面访的优势

（1）面访是采访者和采访对象进行直接交流，记者可以根据采访对象的表现灵活应对，调整采访进程。为了保证采访效果，记者一般都会在采访前准备好采访提纲，但是因为采访对象的回答和反应无法完全提前预知，所以，面访对记者的应对能力要求较高。比如，如果采访对象的回答跟预想的不一样，是否需要临时增加问题；或者采访对象的回答不是非常明确，是否需要进一步追问；或者采访对象对有些问题明显回答得模棱两可，是否需要询问原因……类似这样的临场反应很多，记者可以随时根据采访对象的回答情况调整自己问题的内容或者顺序，以期达到更好的采访效果。

（2）面访时，记者除了可以直接听到采访对象的回答，还可以看到其样貌、表情、神态，甚至衣着等其他外在的非语言信息，而这些信息本身就是重要的采访内容。例如，采访对象在回答某问题时，明显有迟疑、犹豫的表现，那是否意味着采访对象对这个问题的答案不是非常明确，或者回答内容较难表述，需要时间总结一下语言。或者采访对象在整个采访过程中一直神情紧张，回答内容遮遮掩掩，满嘴官话、套话，却并未提供多少有效信息，那是否意味着采访对象有可能在隐藏什么真实的信息。

（3）面访时，记者和采访对象面对面交谈，干扰因素较少，更容易营造你来我往的交流氛围，两者不单纯是提出问题和回答问题的角色，采访对象可以根据记者的提问临场思考答案，同时也可以反问甚至质疑记者的问题。记者可以根据采访对象的回答设计下一个问题，把控采访进程，但同时也需要应对采访对象有可能提出的反问或质疑。不管记者和采访对象之前的身份、角色有何差异，至少采访期间是在进行平等的交流。

例如，央视《面对面》节目曾对丽江华坪女子高级中学校长张桂梅进行专访，随后推出一期《张桂梅：大山里的女校》节目。我们可以通过该期节目理解面访的优势。

节目一开始就简单总结了张桂梅所在的学校上一届的高考情况，并提到华坪女子高级中学上一年的成绩在丽江市排名第一。接下来就有了以下的对话。

记者：这样的一个成绩您满意吗？

张桂梅：不满意。

记者：为什么不满意啊？

张桂梅：我想让孩子们全部都上一本，或者是“双一流”。“双一流”我也还想让他们上最高目标，上清华、北大，我想让山里的孩子也能走进最好的学校。

记者：这个是专门给贫困山区的女孩子上的高中，对吧。

张桂梅：我们就没提贫困两个字，我觉得贫困对女孩子来说，也是一种隐私。我们就叫“大山里的女孩儿”（图 4–1）。

图 4–1　张桂梅接受《面对面》节目采访（《面对面》节目《张桂梅：大山里的女孩》视频截图）

在这段对话里，当记者询问对目前取得的好成绩是否满意时，张校长出人意料地回答了不满意，然后记者迅速反应，进一步追问了原因。而当记者提到华坪女子高中的学生是贫困山区的女孩时，张校长又立刻进行了否定，并说出“对女孩子来说，贫困也是一种隐私”的经典语录。整个对话处于节目开头简短的 2 分钟内，双方都根据对方说的话语进行了灵活应对，两个人的对话显得真实又轻松，交流意味明显。

同时，画面中，我们可以看到张校长的形象和采访时的神情：穿着朴素，黑色的外套，同样深色的内搭，看不到任何饰品或者鲜艳的颜色。同时，刚刚六十出头的张校长却已经满脸皱纹，略显苍老。在记者提到为什么学校只收女孩子没有男孩子时，张校长提到了当地比较严重的重男轻女情况，愤慨之情溢于言表。这些外在的形象或神情都是有效信息，同样可以增加观众对张校长的了解。

2. 面访的不足

面访有诸多优势，但也有一定的不足。

（1）面访是主要依靠语言进行的沟通，而语言的随机性比较强，虽然记者和采访对象大都会在采访前做一些准备，但面访现场依然需要一些临场发挥，而并非所有的记者都具有敏捷的反应能够迅速问出得当的问题，如果记者的新闻素养不够，临场应对能力较差，没有及时应对现场出现的“意外”，采访效果就会受到影响。

（2）记者在现场交流的过程中，语言顺口而出并不合适，但话已出口无法收回，哪怕记者可以再说其他语言进行弥补，也有可能给采访对象造成不好的印象。所以，面访对记者的应对能力和临场表达要求较高。

在采访策划和准备阶段，可以根据具体情况判断是否选择面访。一般情况下，当记者和采访对象距离较近，且容易联络到时，可以首选面访的方式，为了避免面访时冷场或者问出不合适的问题，可以在采访前尽可能多地寻找与采访对象相关的资料，增加对采访对象的了解，保证采访效果。

（二）网络采访

网络采访指的是借助现代社会的网络技术和设备，通过电脑、手机等设备完成的在线采访方式。随着互联网技术的不断发展，新媒体功能的不断完备，以及手机等移动端的逐渐普及，网络采访成为现在非常便捷、常用的采访方式。

网络采访不仅应用于日常个人之间，政府部门也会选用网络采访方式。

例如以下案例：

省政协组织第二场委员网络采访活动①

3月7日，出席全国政协十四届一次会议的住陕全国政协委员陈玉玲、张华俊、杜海峰、郭绍敏、昝林森亮相省政协“陕靓登场”委员网络采访活动，聚焦高质量发展，与在陕媒体记者“云端”交流，分享参会感言，积极建言献策。

……

张华俊委员在视频连线交流中尤其关心民营经济的高质量发展。他说：“3月6日下午，习近平总书记在看望参加全国政协十四届一次会议的民建、工商联界委员时强调，党中央始终坚持‘两个毫不动摇’‘三个没有变’，始终把民营企业和民营企业家当作自己人。”……

杜海峰委员今年提出了“关于乡村振兴战略推进中加强农村基层组织建设的提案”。他在连线中表示，“基层干部应该是发展的领路人、产业的带头人、政策的明白人，所以要抓好以基层党组织建设为核心的各类农村基层组织建设”。

文章中住陕全国政协委员和记者通过网络设备，在“云端”进行交流，多位委员通过视频连线的方式表达了自己的观点。网络采访的便捷性和优势体现得非常明显。

1. 网络采访的优势

（1）有利于询问比较复杂的问题。网络采访可以借助网络平台或者新媒体渠道发送电子版采访提纲，采访对象针对采访问题进行电子版回复。采访对象有较为充足的时间考虑问题的答案，回复的答案一般较为合理。同时，因为文字传播比语言传播显得更为严谨、周密，采访对象回复的答案通常文字措辞合理，有些甚至可以直接用在稿件内容中。

（2）可以吸收面访的优势。现在不少传播媒体的App或其他新媒体平台都可以实现“视频采访”，虽然依然是网络采访的形式，但是因为可以直接看到采访对象，可以吸收面访的诸多优势：根据采访对象的回答、反应临场调整采访进度；通过采访对象的面部表情、神态或其他非语言信息获取有用信息，同时可以增强彼此之间的交流感。

① 李羽佳．省政协组织第二场委员网络采访活动[Z]. 陕西省人民政府网，2023-03-09.

（3）受外在条件影响较小。网络采访可以克服空间距离的限制，哪怕相距较远，只要拥有一部手机，采访就可以实现，并且不会受到天气、位置、交通等外在环境、条件的影响，是比较容易实现的采访方式。

（4）采访方式便捷。网络采访的必要前提是采访地网络覆盖，且拥有一部移动设备，现阶段较为轻便、常见的移动设备通常是智能手机。只需网络和手机，就可以进行网络采访，是较为便捷的采访方式。

2. 网络采访的不足

（1）真实度可能受影响。除了线上视频采访外，网络采访记者一般都会先把采访的问题发送给被访者，被访者在合适的时间进行编辑、回答，被访者也有充足的时间思考问题的答案，并仔细斟酌语言。在这个过程中，被访者很有可能回答了虚假的信息，或者对原本的信息进行了夸张的、对己有利的表述。采访的真实度会受到影响，采访效果也会受到影响。

（2）双方交流感较差。除了线上视频采访外，网络采访记者的提问和被访者的回答通常都不是在同一时间进行的，因为问、答不同步，导致交流感较差。如果记者对被访者的某个回答不满意，较难进行进一步的提问，或者记者对采访者的某个回答有疑问，也没办法立马进行追问。虽然有时候网络采访也可以进行补充二次采访，但依然没办法实现随时问、随时答，采访效果可能会受影响。

（3）采访回复不能保证。网络采访并非每次都会得到回复，有的时候采访提纲发出，但是采访对象却因为各种原因不愿意接受采访，不再进行回复。或者采访对象虽然愿意回复，但可能会忘记或者推迟回复的时间，有的时候甚至需要记者的二次提醒才会进行回复。

在采访策划和准备阶段，同样可以根据采访对象的情况选择是否进行网络采访，如果采访对象空间距离较远，但比较有采访价值，可以选择网络采访的方式，根据需要选择网络视频采访或电子采访的方式。

（三）隐性采访

隐性采访指的是采访者在不表明记者身份和采访目的，在采访对象不知情的情况下进行的采访，也可以称为暗访或秘密采访。隐性采访是相对于显性采访而言的，是一种特殊的、在特定情况下使用的一种采访方式。

隐性采访的使用有其特定的前提或原因，并非任何情况下都适用于隐性采访。而且隐性采访有一定的道德和法律风险。

1. 隐性采访的常见类型

（1）体验式采访。体验式采访指的是记者扮演了某种身份的隐性采访。例如，记者以普通购房者的身份，到售楼处去了解房屋售卖过程是否规范合理，或者记者以购药者的身份，到药店去了解药物的销售是否符合要求等。

在体验式采访中，记者可以根据需要扮演某个角色，并且所扮演的角色多是日常生活中较为常见的、合法合规的角色。体验式是隐性采访中应用较多的一种类型。当一些新闻事实无法通过常规渠道获取信息时，记者可以以扮演角色的方式获取相关的信息。

（2）观察式采访。观察式采访指的是记者只在现场观察，是旁观者的身份，并未扮演角色参与事件中，更没有对事件当事人物进行任何诱导。有的观察式采访记者可能会对现场进行拍照、录音、录像。

观察式采访很多时候只需要了解现场信息，体现出现场感即可。一般不涉及对事件深层次的调查或者对事件内幕的挖掘。获取的信息虽然真实可靠，但是比较流于表面。观察式采访因为不涉及角色扮演，一般不存在法律和道德问题。

（3）诱导式采访。诱导式采访指的是记者不仅进行了角色扮演，同时伴随诱导行为的隐性采访。记者设置了“圈套”，等着被访者钻入其中，采访的完成，通常也意味着行为的成立。

例如，记者为了采访调查盗墓团伙，扮演了文物贩子的角色，全程见证盗墓团伙完成了盗墓行为，或者扮演其他的角色，目击或参与了犯罪过程。

诱导式采访通常都会涉及违法或者犯罪，所以是不被提倡的隐性采访。采访的目的是了解真相、曝光真相，以制造犯罪的手段来揭露真相，代价太过惨重。因此，不能为了目的的合理性，就可以忽略手段。

2. 隐性采访的法律和道德禁区

相对于显性采访而言，隐性采访的使用有较多的限制，对新闻界来说，只有在显性采访无法达到采访目的的情况下才会考虑隐性采访的方式。

隐性采访是在采访对象不知情的情况下进行的采访，多数时候都会伴随拍照或视频记录，而媒体的采访必然伴随公开的传播。现实中，有些新闻事实并不适合公开传播，媒体记者如果贸然进行传播，可能会面临着法律纠纷或道德指责。

（1）隐性采访的法律禁区。通常情况下，涉及以下情况的新闻信息不适合采用隐性采访的方式：

①泄露国家机密；

②侵犯商业秘密；

③侵害公民的人身权利，如人格尊严、隐私权、名誉权、肖像权等；

④侵害妇女和未成年人的合法权益；

⑤使用不正当手段获得信息，包括使用有争议的录音、录像器材，甚至是使用专门的间谍器材，违背《国家安全法》的有关规定[①]。

（2）隐性采访的道德禁区。抛开法律问题，隐性采访也可能会面临道德指责。“偷拍”只有在万不得已的情况下才能使用。试想一下，没有任何人希望在不知情的情况下，

① 闫淑慧．浅谈隐性采访的是与非[J]．今传媒，2016（12）：33-34.

自己的生活被他人窥探、偷拍、传播。

如果偷拍被肆意滥用，记者的形象就会大打折扣，人们会觉得记者不像是通过采访、写作传播事实的人，而更像是通过见不得人的手段拍摄隐私、搜集内幕的人群。记者人群的社会认同度会受到影响。

如果偷拍不加限制，公众的社会不安感也会上升，公众无法判断什么时间、地点，什么样的情况下自己就成为被偷拍、偷录的对象。发展到极端时，甚至会人人自危，人们时刻警醒自己：注意言行，你正在被偷拍呢。

因此，偷拍要加以限制，有一定的前提条件要求，隐性采访的使用空间是有限的。

在采访策划和准备阶段，对隐性采访的选择要慎之又慎，如果已经从多方渠道认定新闻事实确实涉及内幕，而常规的显性采访又无法获取真实的信息，就可以考虑隐性采访的方式，或者新闻事实本身并不涉及内幕，但是采访者的记者身份会影响到采访对象的回答，无法获取真实、有效的信息时，也可以考虑使用隐性采访的方式。只是隐性采访的使用要注意方式方法，必须考虑其法律和道德禁区。

三、准备采访提纲

采访提纲是采访前需要准备的重要内容，采访提纲的主要构成是采访时可能问到的具体问题。有些采访提纲还包括采访意义、目的，采访对象，其他采访要求等。

采访问题的设置要有一定的顺序，可以是时间顺序或者其他内在的逻辑联系，总之不能随心所欲地想起什么就问什么，要让采访对象感受到记者的思路。记者有内在顺序地采访问题，也能让采访对象更好地表达、发挥。

例如，采访人物时，可以从眼前着手，先提问与新近事实相关的问题，再回望过去，最后展望未来；或者按照横向顺序提问，分别询问采访对象的事业、家庭、感情等。

采访事件，同样可以从眼前着手，然后按照事件的发生、发展、高潮、结局的顺序来提问；或者从更加宏观的角度，分别按照事件的原因、过程、影响来提问。

采访现象，可以先梳理现象是什么，然后再分析原因，讨论受众观点，最后再探究现象影响等。或者在梳理完现象后，分别提问该现象的正面评价、负面评价等。

以上列举的是几种常见的采访提纲提问顺序，具体的问题设置和提问顺序，可以结合采访对象的情况而定。记者在写作采访提纲时，一定要按照一定的内在逻辑将采访问题进行分类，将相同性质的问题放在一起提问，有利于采访对象对同一个话题展开比较深入的回答。

很多时候，针对同一个事件、话题，采访对象往往不止一个人，甚至会涉及几类人，记者需要根据采访对象的不同设置不同的问题。

例如，以“中学校园的手机使用情况”为例，写作一则采访提纲。

针对此选题，最先想到的采访对象是中学生；因为中学生并没有经济能力购买手机，所以手机的真正购买者——中学生的父母也应该成为采访对象；选题中强调了校园，所以校园中教授中学生的主体——老师们也应该是采访对象；同时，为了更加全面地对此选题进行了解，手机售卖商家也可以进行适当采访。针对以上四类采访对象，可以列出采访提纲如下：

“中学校园的手机使用情况”的采访提纲：

1. 针对中学生的问题：
（1）是否携带手机进入校园？
（2）携带手机的主要用途是什么？
（3）携带手机对学习、生活带来了什么影响？
（4）手机的来源是什么？
……
2. 针对中学生家长的问题：
（1）是否会为自家孩子购买手机？
（2）购买手机的原因是什么？
（3）购买后是否关心孩子的具体使用？
（4）是否会有意引导孩子对手机的使用？
（5）孩子的手机使用情况与预期的是否有差异？
……
3. 针对中学教师的问题：
（1）对中学生携带手机进入校园的态度是什么？
（2）是否会规定学生的手机使用时间和场合？
（3）是否存在学生使用手机影响学习的情况？
……
4. 针对售卖手机商家的问题：
（1）客户中中学生客户的比例有多大？
（2）常见的中学生购买手机的机型是什么？
（3）中学生普遍比较在意手机的哪些功能？
……

结合此话题，针对四类采访对象设置了四套问题：向学生了解校园手机使用情况；向家长了解校园手机购买意图；向教师询问校园手机使用影响；向卖家了解中学生手机购买情况。从而全方位地了解“中学校园的手机使用情况”。

四、其他采访准备

采访策划和准备除了明确采访目的、选择采访方式、准备采访提纲外，还有一些其他方面的准备。例如，采访设备的准备，采访时间、地点的明确，采访团队的选择等。

（一）采访设备的准备

常见的采访设备包括话筒、录音笔、摄像机、三脚架等。如果采访仅需要内容信息，不需要图片和视频信息，那有录音笔就足够了；如果需要内容和图片，那录音笔配上相机就足够了；如果需要采访者的视频资料，就需要摄像机、三脚架，较为嘈杂的户外，可能还需要收音话筒。具体需要哪些采访设备，可以根据采访目的和新闻最终的呈现方式来选择。

（二）采访时间、地点的明确

新闻采访，尤其是对有身份、地位的重要人物的采访，通常都会提前约好时间和地点。时间以对方方便的时间为好，需要提前告知对方大概的采访时长，方便对方安排，保证采访效果。地点的选择可以参考采访主题，可以选择采访对象工作的地方、生活的地方、喜欢的地方，如果需要强调现场感，也可以在新闻现场采访。

（三）进行采访团队的选择

采访可以是一个人的采访，也可以是一群人的采访。对重要人物、重要事件的采访，一般都是团体行为。在采访策划和准备阶段，就需要考虑采访团队的组成，除了在现场提问的记者，是否需要有负责摄录的人员，甚至是否需要有负责灯光的人员，有的时候还要考虑现场导演、场务人员等。

根据采访的对象不同，规则不同，其他采访准备的情况也不尽相同，具体的采访准备还是要结合采访事实来进行。

第五章

新闻采访之访问

访问指的是记者为了获取新闻信息，对新闻事件当事人、关联人或在场人员进行的询问，属于采访的主要类型。

访问能够直接与新闻事件相关人员进行沟通，有利于获得一手资料；访问可以接触到事件相关人员，了解他们的看法、情绪、态度，有利于增加对人物或事件的了解……访问是新闻采访最基础、最常用、最有效的方式之一，是新闻记者在采访时首选的方式。

第一节　访问的类型

根据不同的分类标准，访问可以有不同的类型。根据被访者的人数，访问可以分为针对个人的专访或对多人的访谈；根据新闻事件的性质，访问可以分为预知性访问和非预知性访问；根据是否在新闻现场采访受访者，访问可以分为现场访问和非现场访问；根据采访媒体的数量，访问可以分为独家访问和多家媒体集体访问；根据是否能够面对面采访受访者，访问可以分为面访和网络访问。

一、根据被访者数量分类

1. 个人访问

顾名思义，个人访问指的是对单个人的采访，有针对比较重要人物的深度专访，也有针对普通个人的随机采访。

（1）专访。指的是记者对单个采访对象进行的比较全面、深入的采访，记者及团队通常需要做充分的准备，提前了解访问对象的相关资料，然后约定时间、地点进行访谈，媒体投入的时间、精力较多。所以并非任何采访对象都需要采用专访的形式，专访一般针对个人成就或思想观念比较卓越的人员，他们的成绩、思想、个人行为对受众有一定的启发、引导作用，有进一步被媒体传播的价值。

例如，2023 年 7 月，在高考成绩揭晓后，央视《面对面》栏目曾推出一期名为《马奕菲：寻光》的节目，专访过一个名叫马奕菲的女孩。或许很多人对这个名字比较陌生，但是通过节目，受众了解到一个双眼全盲的孩子，通过自己的不懈努力，学习钢琴、小提琴，不仅最后以优异的成绩考上星海音乐学院，还登上了北京冬季残奥运动会闭幕式的舞台。马奕菲并非是出生就自带光环的女孩，但是却通过个人的努力获得了非凡的成绩，她的努力和坚持无疑对其他人，尤其是青少年有巨大的鼓舞作用，应该被更多人知道，也值得被媒体传播。

（2）对普通个人的随机采访。媒体对普通个人的随机采访指的是媒体对没有明显特殊身份的人进行的采访。例如，为了了解某次火灾的情况，对现场目击人的采访，了解他们在现场的所见所感等；或者新闻记者在街采时的采访，主要是为了了解受众的临场反应或对某话题的看法。此类采访一般注重对现场信息的采集或者对临场反应的搜集，通常询问问题较少，也不会有太深入的问题。

2. 群体访问

群体访问指的是记者对两个以上的采访对象进行的采访。

有的采访对象本身是一个集体，例如，一个乐队组合、一个宿舍、一个班级等。针对他们的采访问题比较相似，从节省人力、时间的角度来说，没必要分开各自采访，可以对其进行群体访问。

有的采访对象虽然本身不属于同一个团体，但是他们属于同一类人群，如工人群体、教师群体等。因为群体数量庞大，要了解整体人群的情况，也没必要进行单个的一对一采访，可以从中选择有代表性的人员进行群体访问。

二、根据新闻事件性质分类

1. 预知性采访

预知性采访指的是对能够提前获知的新闻事件进行的采访。从采访主题来说，此类新闻多为庆典、比赛、会议等，此类采访通常以正面事件为主。例如，对全国“两会”的采访，对“奥林匹克运动会”的采访，对“神舟十七号”航天员出舱等新闻事件的采访等。

预知性采访因为可以提前了解事件的相关信息，有充足的时间做准备，对事件的采访一般比较全面、充分。但是由于很多预知性事件都是固定频次发生的，如每年一次的春运，每年的“五一”假期和“十一”黄金周等，媒体容易形成固定的选题和采访报道模板，受众容易形成逆反心理。所以，对于预知性事件，对原有报道模式的突破很重要，与众不同的采访报道内容、角度才更能吸引受众的关注。

2. 非预知性采访

非预知性事件指的是对突发性新闻事件的采访报道，如地震、飞机失事、战争爆发、人物逝世等。报道内容多是灾难性事件，负面新闻居多。

非预知性新闻事件因为事发突然，记者基本没有太多时间做准备，加上受众急于了解事件真相，此类事件对时效性的要求也比较高。所以，非预知性事件的采访报道对记者的业务能力和现场反应能力要求较高。记者要能在短时间内构想出采访主题，列出采访问题，并根据采访对象的回答迅速调整采访方向，把控采访进程。

三、根据是否在新闻现场采访分类

1. 现场采访

现场采访指的是记者在新闻事件发生地进行的采访，采访对象多是现场目击者，对新闻事件有直观的了解或感受，记者也可以利用现场优势，结合现场场景或细节进行提问，现场感强，真实度高。

尤其像活动庆典、体育赛事、地震灾后重建等新闻事件，现场采访可以让受众更多地了解现场的情景或热烈的氛围。

2. 非现场采访

非现场采访指的是没有在新闻事件发生地进行的采访。有些采访本身对现场感要求不高，例如，以突出人物为主的采访或者不以具体事件为主的话题性采访。

现实生活中，有些采访无法在现场进行，如飞机失事现场，为了更好地搜寻生还人员，相关部门会对现场进行封锁，记者无法第一时间进入现场。或者当我们的载人航天飞船正在进行太空之旅时，记者也无法进行现场采访。

当今网络传播技术飞速发展，有的时候即使记者不能到现场，也可以通过官方渠道采用现场图片、视频，或对现场人员进行远程采访，极大地方便了需要现场信息的记者。

四、根据采访媒体的数量分类

1. 媒体独家专访

独家专访指的是一家媒体对单个采访对象的采访，记者可以根据媒体定位和需要确定采访方向和采访重点，采访有较大的发挥空间。很多时候，媒体为了凸显新闻内容的稀缺性，会在采访报道稿件或电视节目标题中标识“独家专访”等信息。例如，新华社《独家专访张艺谋：我希望永远拍不同的东西》，央视新闻《独家专访：致敬中国扶贫人》等。

2. 多家媒体集体采访

超过两家媒体对采访对象的共同采访属于集体采访。例如，记者发布会上多家媒体相继向采访对象提问，两会间隙多位记者一起向两会代表提问。一般集体采访主要针对于有社会地位、有较高职务或者有流量关注度的人员，因为日常安排较满，没有充裕的时间一一接受各家媒体记者采访，就会安排多家媒体集体采访的形式（图 5-1）。

图 5-1　两会记者提问（李兆民 摄）

集体采访给到单个媒体的提问机会较少，甚至可能全程不会有提问的机会。如果需要进行集体采访，记者需要提前准备符合媒体定位的、有重点的问题，并在现场努力争取提问的机会。

根据不同的分类标准，访问的分类很多，例如，根据是否面对面采访受访者，还可以将访问分为面访和其他采访（可参照本书第三章第二节有关“采访策划实施”的内容）；根据是否表明记者身份，还可以分为显性采访和隐形采访等（在此不再一一列举）。在具体的采访活动中，具体采用那种采访方式，需要根据新闻事件的性质、特点来确定，也需要结合采访团队的人力、物力、财力的情况来决定。

第二节　访问对象心理分析

访问是人与人交流的过程，需要双方共同完成。一次采访是否成功，除了记者的提问和表达外，被访者的表现也很重要。记者在采访生涯中会遇到各式各样的采访对象，针对不同的采访对象应采用不同的采访策略，才能保证采访的顺利进行，取得预期的采访成果。

从个性心理层面对采访对象进行分析，可以将采访对象分为理性外向型、理性内向型、感性外向型和感性内向型四种类型。

一、理性外向型

理性意味着这类采访对象一般逻辑思维能力较强，对事件的看法、问题的了解均比较深入。外向又意味着这类采访对象善于与人沟通交流，可以把内心所想清晰流畅地表达出来。

理性外向型采访对象因为本身有思考且善于表达，在采访过程中，无需记者进行太多的引导，就可以得到比较有价值的信息，有些采访对象甚至主动将回答的内容进行了梳理整合，“首先……其次……再次……”等这类表达层次清晰、重点明确，用词用语不需过多修改就可以直接引用在稿件中，极大了地节省了记者后期整理素材的时间。

下面是在一期节目中，罗永浩对罗翔采访的部分内容（以下文字根据采访视频整理，删减了双方语言中比较口语化或重复的内容，与原本采访并不完全一致，但未改变原意）。

罗永浩：您说一直有看小说，40 岁以后还看吗？我也想看，但是因为工作忙，读书就比以前功利，我会选择知识欠缺的领域去看书，这样的结果就是很少看小说了。

罗翔：我还是会看的，但是时间分配不一样，坐飞机、坐火车通常看小说，因为不需要特别的思考。但是整块的读书时间，还是会选择一些厚重类的书籍。这是对抗虚空的一种方法。

罗永浩：现实生活中，我们看到那些客观发生的违法案件时，（哪怕）一个人正义感不是特别强烈，都会感觉非常愤怒。您从法学专家的角度，如何看待大众的这种愤怒？

罗翔：我感觉民众的愤怒是合理的，如果民众没有愤怒的话，正义也就缺乏基本的群众基础。但民众的愤怒有的时候要注意，它可能会像决堤的洪水一样，法律就像是那个堤坝，它把愤怒安置在堤坝之内，让愤怒不至于溢过堤坝去造成新的灾害……就像我经常所说的：法律要听从民众的声音，但要超越民众的偏见。

罗永浩：大家一直有个理论：正义而也许会迟到，但不会缺席。那迟到的正义到底算是不算正义？

罗翔：……我举例说明，世界上有没有圆？世界上一定有圆这个概念，但是人们画不出一个完美的圆。正义就像一个理念上的圆，人永远朝着正义迈进，法律朝着正义前进，但是法律在现实中的正义是一个有瑕疵的正义，一个有瑕疵的正义不代表不是正义。迟到的正义总比没有正义好一点。

整期节目时长并不长，罗永浩对罗翔提出的问题也不算多，但是首先问题比较经典。其次，罗翔老师的回答更是让人赏心悦目，其关于读书的看法，关于民众对违法事件愤怒情绪的看法，以及关于迟到的正义的看法等都既理性又深刻。看完让网友直呼“受益匪浅”“听有知识有见解的人讲话真的是一种享受”。作为采访对象，罗翔老师属于典型的理性外向型。

理性外向型是大多数记者比较喜欢的类型，但绝不意味着面对这样的采访对象就可以完全不加引导，甚至放弃了自己的采访设定，完全跟着采访对象的思路推进。面对理性外向型采访对象，需要注意以下两点。

1. 不要盲目被采访对象的思路带偏

理性外向型采访对象对很多事情、问题都有比较独到的看法、见解，他们的一些观点和表达，甚至会影响到记者的采访思路和设定。面对这样的采访对象，记者需要牢记自己一开始的采访目的，虽然可以在现场根据采访对象的回答进行微调，但完全放弃自己的采访思路而跟着采访对象的方向走是非常不专业、不成熟的行为——很可能记者与采访对象愉快地交流了很久，但是却没有得到于己有用的任何信息。

2. 注意甄别理性外向型采访对象回答内容的真实性

理性外向型采访对象因为拥有高超的语言表达，一般可以在短时间内获得记者的好感，在轻松愉快的交流氛围中，记者可能会忽略对采访对象回答内容的真实性的甄别。作为专业记者，切记在采访过程中过于情绪化的表现，例如，对采访对象衍生出太多的喜爱、同情、厌恶等感情，从而影响采访的客观性。面对理性外向型采访对象，一方面可以礼貌地进行采访，另一方面也需要仔细甄别其回答的真实性，决不能对方说什么就不加怀疑全部信任。

如果对采访对象回答的问题存疑，可以对问题的细节进行追问，或者后期对采访对象的身边人进行补充采访，保证得到的信息全面、准确。

二、感性外向型

感情外向型采访对象同样善于与人沟通交流，不会刻意隐瞒自己所知道的信息，甚至会表现得非常热情、配合。但是因为属于感性类型，容易被外在因素或者事实本身影响情绪。同时，这类采访对象思维比较活跃，在采访过程中容易谈一些与主题无关的内容。

感性外向型采访对象往往比较真实，喜欢还是厌恶，支持还是反对，态度会非常明显地表现出来，有利于记者在短时间内了解其看法和态度。同时，感性外向型采访对象对事、对人鲜明的立场也可以直接呈现在采访稿件或者节目中，有利于调动受众情绪，增强传播效果。

提到感性外向型采访对象，不少人会立马联想到游泳运动员傅园慧。在 2016 年里约奥运会女子 100 米仰泳半决赛中，傅园慧以当时个人最好成绩 58 秒 95 晋级决赛。赛后采访中，傅园慧惊讶和惊喜的感情溢于言表，丝毫不加掩饰地表现了出来。“我有这么快”“用了洪荒之力了”等语录一时间迅速风靡网络。傅园慧以极其真实、生动的赛后采访被大家喜爱，打破了不少观众对中国运动员严肃、谦逊的刻板印象，以其个人形象衍生的表情包也迅速在网络走红，她本人更是当选为当年“中国 90 后十大影响力人物”。作为采访对象，傅园慧属于典型的感性外向型。

感性外向型采访对象的配合和热情极具感染力，但太直接、强烈的情绪展现有时会影响到记者的态度，甚至干扰采访进程。记者在采访此类采访对象时，需要注意以下两点。

1. 在采访过程中时刻保持理性

相对于采访对象的感性，记者要更多地保持理性。采访中经常会面对采访表达非常情绪化的采访对象：比如刚刚得知自己孩子被 985 高校录取的家长，在接受采访时，喜悦之情溢于言表；或者常年遭受家庭暴力的妇女，回忆起被家暴场景时，泪流满面的表述……记者可以感受到采访对象的喜悦和悲伤，但不能跟采访对象一起陶醉或深陷于情绪中，作为采访者，记者需要时刻注意自己的采访主题，以保证采访效果。

不过，理性并不代表没有人情味，采访的理性指的是要对采访重点和采访主题的整体把握，并不意味着在采访对象高兴或难过时，不作任何回应，只知道冷漠地提出“下一个问题”。记者可以及时地回应对方的情绪，只不过还需要透过情绪看清事实而已。

2. 及时拉回采访对象思路，使采访围绕主题进行

感性外向型采访对象的另一个特点是思维发散，容易回答跟采访主题无关的内容。比如记者问东，采访对象答西，或者在回答完东之后又发散到西，容易出现回答信息过多，但重点不明确的情况。记者需要及时打断采访对象的思路，将其拉回到采访正

轨上来。但是，感性外向型采访对象的发散回答并非完全无用，其发散的内容也是本人特性的展现，记者也可以在被访者的诸多回答中甄别具有价值的信息，确定是否值得进一步追问。

三、理性内向型

记者和采访对象的交流是一个你来我往的过程，大部分采访中，主要呈现方都是采访对象，记者会把更多的时间和镜头让给采访对象，而记者本人则仅扮演掌握采访方向、引导采访话题的角色。尤其是采访对象属于有观点、擅表达的外向型时，在整个采访过程中，受众会对采访对象的言行留下深刻的印象，而记者几乎是可以忽略的存在。

但内向型采访对象不同，他们普遍不喜欢表达或者不擅长表达，在采访中会呈现“问一句，答一句”或“问了少答甚至不答”的情况，整个采访过程中话很少，很安静。那么，作为与之交流的记者就需要更多地说话，引导、活跃气氛。

内向型采访对象都是比较“内秀”的，与感性采访对象相比，理性内向型采访对象对事件、话题有比较深入的思考，也有独到、深刻的见解。但因为其内向，并不擅长把内心所思所想清楚、流畅地表达出来。那么，记者在采访这类采访对象时则需要注意以下问题。

1. 多说话，营造交流的氛围，打破采访对象心理防线

因为内向型采访对象普遍不喜欢多表达，在采访过程中容易出现“冷场”的情况，记者可以适当表现得活跃一点，除了常规采访问题之外，可以聊一下环境、家乡、美食等可拉近与采访对象心理距离的问题，营造交流的感觉，打破采访对象的心理防线。

2. 在采访对象的回答中寻找有价值的信息

理性内向型采访对象虽然不善表达，但是对人、对事普遍会有比较深入的看法，虽然回答的内容不多，但是可能重点明确，有价值的信息较多。记者需要重视其回答的每一句话，并根据对方的回答进行适当的追问，获取有用的信息。

四、感性内向型

感性内向型采访对象与感性外向型采访对象类似——内心世界比较丰富，容易受到情绪的左右。但又与理性内向型相似——不善于与人沟通交流，甚至会比较自闭。

感性内向型采访对象通常是比较难采访的类型。如果有同类可替代人员，感性内向型采访对象不会成为记者的首选。但当必须采访感性内向型采访对象时，记者首先也需要同采访理性内向型采访对象一样，尽量做到在采访中多说话、多引导，营造适于交流的氛围，同时还可以采取以下策略。

1. 多问“封闭式问题”，以降低回答的难度

“封闭式问题”是相对于“开放式问题”而言的，指的是选择回答型问题，答案一

般比较明确、选择范围窄，对于被采访者来说比较容易回答。记者可以用封闭性问题来核实信息、询问态度等。例如，“这是否是您最开心的一个生日”“这样的结果是你想要的吗”“这顿饭好吃吗”……[①] 封闭式问题通常只有是与不是、好与不好、对与不对等答案，被访者无需作太多思考就可以轻松答出，非常适合提问感性内向型采访对象。

2. 注意采访对象的情绪反映本身也是态度的传达

感性内向型采访对象虽然话语不多，但是情绪丰富。在采访这类人员时，除了询问问题之外，还要重视对方的情绪流露。一个人的情绪是内在感情的直观表现，例如，在询问到什么问题时，采访对象面露愁容；在提到某个人的名字时，采访对象有明显的情绪波动；或者在提到什么信息时，采访对象明显情绪高涨……情绪的变换、波动，同样是重要的信息传达，记者应该及时捕捉，分析其价值。

从心理层面分析，以上四类采访对象都各有特色，也有应对之法。记者在日常采访中，需要迅速判断对方的类型，并适当调整自己的采访思路、方法，以保证采访效果。

第三节　访问提问技巧

一、围绕采访主题进行提问

在本书第三章“采访策划和准备”部分提到过，采访需要带着目的进行。通过采访想要达到什么样的效果，采访是以突出人物为主还是以呈现事实为主，都需要提前确定。

在明确采访目的之后，另一项重要工作是思考采访主题，采访主题是采访试图传达的主要观点或中心思想。有的采访主题在采访前就可以明确，有的采访主题则需要结合采访情况进一步确定。

确定采访主题有以下两种方法。

（一）主题先行法：预设主题，事实印证

有些新闻事实已知信息比较多，事情脉络清晰，甚至同类媒体也做过相关的报道，在采访开始之前，记者可以根据已知信息预设一个主题，在这个主题的指导下有目的、有重点地展开采访。

例如，微信公众号“美丽武清”曾经发布过一篇文章《运河边守艺人：臭豆腐！历经十三道“手作”的非遗美食》。采访对象是天津市武清区南口哨臭豆腐的制作者薄志国和莫永香夫妇，作为天津市市级非物质文化遗产项目，南口哨臭豆腐传承人在此之前就多次接受过采访，在网络上可以找到关于此非遗项目及传承人的大量资料。根据已知

① 谢佳辉．英文开放式问题与封闭式问题在国际邮轮餐厅点餐服务中的应用分析[J].成功营销.2018（10）：123+151.

信息，从避免同质化的角度，记者决定以文字 + 图片的形式，重点呈现夫妻二人制作臭豆腐的过程，以突出二人对传统技艺的传承和坚持。在主题明确的情况下，记者对夫妻二人进行了采访，详细再现了南口哨臭豆腐的制作工序，采访重点明确，效果较好。

主题先行的采访通常难度不大，因为可以围绕中心思想展开问题，无效问题较少，有效回答较多。

（二）事实先行法：依据事实，提炼主题

并非任何采访都适合提前预设主题，有些新闻事实，因为事出突然，记者没有太多时间思考主题；或者事实本身跟记者的日常知识积累相距较远，记者因为不熟悉情况也很难提前确定主题，只能在采访过程中随着事实的慢慢呈现逐渐明确主题。甚至有些时候，需要在采访结束后，再根据采访素材确定主题。

例如，某高校宣传部门下属的媒体社团的学生接到任务，需要对一位专家进行采访，但是负责采访的同学从未上过这位专家的课程，也不了解这位专家的事迹。在这种情况下，就较难设定采访主题。面对这种情况，学生可以在采访之前先接触这位专家的身边人，如他的学生、同事等，或者在网络上搜集与专家相关的内容，提前了解与采访对象相关的一切信息。带着获取的信息展开采访，根据专家的回答逐步了解他的事迹和特点，在采访过程中进一步明确主题。如果在采访过程中也无法确定主题，就需要尽可能多方面地进行采访，后期从众多采访素材中寻找最佳角度，确定主题。

事实先行的采访因为无法事先明确采访重点，所以需要准备的采访问题较多，采访时间较长。后期确定报道重点后，也需要对采访素材进行大量删减，整体的工作量较大。

从人力、物力成本来说，主题先行的采访更为省时、省力，是记者的首要选择。采访提问围绕主题进行是保证采访效果的方式之一。

例如，上海电视台纪实人文频道《可凡倾听》栏目，曾经对作家叶辛进行过专访。人物专访通常可以从“性格特点、工作作风、成长经历、内心世界”等方面着手，但同一期节目中如果这些内容都要涉及，又会显得信息太多、没有重点。《可凡倾听》是以精英文化为基石的高端文化访谈栏目，采访对象涉及演员、作家、画家等文化名人。叶辛是上海作家，年轻时曾到贵州插队，并做过当地的小学老师，对云贵地区的风土民情比较了解，他的作品也以“知青文学”最为知名。

结合《可凡倾听》栏目的定位和叶辛的个人身份、经历。本期节目将采访主题放在了“叶辛的文学之路”上：回忆其幼时在上海上学时文学之路的萌芽；后来到贵州插队时劳动和教书的经历，为写作提供了丰富的素材；再到后来开始尝试写小说，从受挫到得到肯定的过程。整期节目长达 43 分钟，但采访主题明确、思路清晰，观众并不会觉得节目冗长、分散，节目呈现效果很好。

二、好的开场是成功的一半

无论是深入的专访，还是侧重搜集临场反应的随机采访，采访开场都至关重要。有效的开场，可以使采访对象从心理上放松，激起对方的表达欲望，能够奠定采访的基调，是采访顺利进行的基础。

（一）新闻采访可以寒暄开场，营造轻松氛围

有的采访并不着急一开始就进入主题，而是先聊一些看似与本次采访无关的内容，主要目的是拉进和采访对象的距离，使整个采访过程可以在轻松愉悦的氛围中展开。

提到采访的开场，很多人会立即想到采访史上非常经典的案例，即意大利记者奥琳埃娜·法拉奇对中国领导人邓小平的采访[①]。以下为采访的开场内容：

奥琳埃娜·法拉奇：明天是您的生日，我要祝贺您，祝您生日快乐！

邓小平：明天是我的生日吗？我从来不关心什么时候是我的生日。

奥琳埃娜·法拉奇：我是从您的传记里得知的。

邓小平：就算是吧。您也别祝贺我，我已经76岁了。到了衰退的年龄啦！

奥琳埃娜·法拉奇：我父亲也76岁了。如果我对他说76岁的人已衰退了，他肯定会打我两巴掌的。

邓小平：是呀，当然不能这样对你父亲说。

虽然时隔久远，但这次采访因为太过精彩而屡屡被提及，成为不少高校采访课程的经典案例。

法拉奇的采访开场是围绕邓小平的生日展开的，第一句话严格来说并不是一个问题，而是出其不意的一句祝福：“明天是您的生日，我首先祝贺您生日快乐！”这句话不但能增加采访对象的好感，还可以看出记者在采访前做了比较充分的准备，紧接着“我是在您的传记里得知的”更是验证了这一点。在邓小平提出“76岁的人已是江河日下了”的时候，法拉奇马上提到“我父亲也76岁了。但是，如果我对他说76岁的人已是江河日下，他会扇我几记耳光的”，这不仅进一步拉近了和采访对象的距离，还营造了轻松愉悦的采访氛围。

日常采访中的寒暄开场，一般可以从外部环境、衣着打扮、第一印象等多方面着手。但是寒暄开场的采访需要控制在一定的范围内，如果一开始无关的问题太多，会给人无话找话、不专业的感觉。

（二）新闻采访可以结合新近事实开场

新闻采访的顺序并不固定，需要根据事件性质、人物特点来确定。但因为人们的时间、精力有限，往往对刚发生的、眼前的事实更为关注，所以，很多采访的开场都是结合新

① 施燕华．我的外交翻译生涯[M]．北京：中国青年出版社，2013.

近事实展开的。

例如，记者想针对“春晚”这个话题展开采访，希望通过梳理春晚的历史变迁，总结春晚的发展、变化，人们对春晚的期待、评价等。如果在采访一开始就先问 1983 年第一届春晚的情况，那么很多受众会觉得既遥远又陌生。但如果采访可以从眼前着手，首先问受众对于当年春晚的期待，采访对象通常都会有话可说，采访也能够顺利展开。

对人物的采访也是一样，如果记者需要采访一位演员，这位演员成名已久，有多部代表作，近期刚刚上线新的爆火电视剧，此演员扮演的角色正是被热议的对象。演员在此时接受采访，本身就有解释角色争议、宣传参演电视剧的目的。记者采访首先需要询问的问题必然是与该电视剧、角色相关的问题，甚至整个采访都可以围绕此电视剧展开。如果一开始就询问“您的第一部代表作是什么”或者“以后希望尝试哪种类型的角色”这类的问题，会让采访对象感觉记者并没有把握采访的重点。

从眼前事实开始，再回望过去，最后展望未来，是比较符合采访思维的常见思路。如果记者在采访时没有合适的采访顺序，可以参考这个思路。

三、适时调整采访态度

记者在采访过程中，除了提问的问题很关键，提问的态度也很重要。采访对象会关注记者的问题，也会在意记者的态度。采访中会遇到不同类型的新闻事件，也会面对不同类型的采访对象，从社会地位、生活水平来看，有强势群体、弱势群体和一般群体之分。采访对象会根据记者的表现和态度决定自己的配合程度。作为记者，需要根据采访对象的情况适时调整采访态度，公正客观、不卑不亢，保证采访的顺利进行。

（一）平视强势群体

强势群体，指的是拥有较高社会地位、经济地位的人群，如高层官员、企业家、文化名人、娱乐和体育明星等这类群体。一般占有较多的社会资源，在生活上富有优越感。

1. 面对强势群体，记者首先需要消除紧张感

紧张感的消除一方面来自于心理上的自我暗示，另一方面则需要充分的采访准备，提前搜集与采访对象相关的资料，观看采访对象的采访视频，总结采访对象的个性特征，了解采访对象的一切。有充足的资料储备，记者才能有“底气”不紧张，也才有能力问出专业的问题。

2. 对强势群体的提问宜直接、切中要害

强势群体一般知名度较高，工作安排多，日常行程较满，接受采访的时间有限。所以对强势群体的提问可以直接展开，快速切入主题。尤其有些强势人员自身优越感明显，会因为双方身份的差异而藐视记者，必要时记者可以使用一些尖锐、犀利的问题，以引

起对方的重视。

（二）尊重弱势群体

弱势群体，指的是社会、经济地位较低的人群，或者是经受过灾难、挫折，在心理上处于弱势地位的人群。如农民工、留守老人和儿童、下岗工人、失学儿童等，一般占有较少的社会资源。这类人群日常生活问题较多，甚至可能无法满足基本的温饱，或者在心理上处于孤独、不被理解的境地。这些人有的自尊心很强，有的过于自卑，但都期待得到社会和他人的认可。

1. 对于弱势群体，记者的提问应以尊重关怀为基调

弱势群体一般生活不易，或者遭遇了一定的打击，在心理上比较脆弱，对于弱势群体来说，记者要设身处地地为对方着想，对于他们的提问应该以充分的理解和尊重为基调。如果这类采访对象不愿意直面镜头，可以作虚化或马赛克遮挡处理，以尊重对方意愿，保护对方隐私。

2. 对弱势群体的问题宜委婉、谦和，避免过于尖锐和敏感的问题

弱势群体因为生活处境的问题，能够接受采访、面对镜头已是不易，也希望通过记者的采访、媒体的传播赢得更多的理解和尊重。对于弱势群体的采访问题应建立在理解的基础上，避免询问一些让人难堪、过于尖锐的问题。如果采访问题让采访对象有“不被理解、不被尊重”的感觉，采访活动可能无法继续进行。

（三）正视一般群体

一般群体指的是社会、经济地位处于中游或偏上水平的人员，如都市白领、高校学生、知识界人士等。这类人群相对生活比较稳定，一般受过良好的教育，除去日常物质享受外，还有一定的精神追求。有一定的主见和见识，人际交往范围较广，期待和志同道合的人交流，对违反个人原则者则难以接纳。

1. 对一般群体的提问可以多用交流切磋的口吻

相对于强势群体和弱势群体，对于一般群体的采访在态度上可能无需太多调整，记者一般没有明显的紧张感，也无需过多的情感共情，只需要以平等的、交流的口吻进行对话即可。

2. 对一般群体的提问宜直接、明确

对于一般群体的采访适合直接提问，不用委婉铺垫，也无需刻意犀利以引起重视，平等地交流、正常地询问，可以让采访对象感觉是在和记者共同探讨一些话题，进而自然地输出信息。

四、注意运用“自己人效应”

“自己人效应”原本是心理学概念，后来被广泛应用于多个领域。在日常交流中，

受众会根据自我认知及对对方的判断将对方定位，如果认为对方与自己在某方面有相似之处，则会在心理上将对方定位为“自己人”，从而更愿意与对方交流沟通，也愿意接受对方传达的信息。在人际传播中，“自己人效应”的运用可以极大地提高传播效率。

在进行采访时，记者与采访对象可能在社会地位、身份角色等方面存在较大差异，如果能找到在某方面的共同点或相似之处，则容易被采访对象定位为“自己人”，从而愿意放下戒备，敞开心扉，取得较好的采访效果。同时，在采访对象回答完记者的问题时，记者将个人的相似经历讲出，也会让采访对象感觉到被及时回应，产生“原来大家都一样”的亲近感。

例如，主持人鲁豫曾经对撒贝宁进行过采访，有如下对话：

（节目中播放撒贝宁1999年第一次录制《今日说法》视频）

鲁豫：第一次这个片子你录了多久？

撒贝宁：能够达到这样的状态，已经是录了好几个月了。

鲁豫：你知道我最怕什么吗？我最怕一边走一边说，然后站定了再说。我生活中不是这样，要一边走一边说，这是很不自然的状态。

撒贝宁：一边走一边说，除非是台词，例如那种话剧演员……而我们节目中说的都是很日常的话……

鲁豫：我就是这个意思。

……

（节目播放荣事达杯第一届主持人大赛撒贝宁参赛视频）

鲁豫：这次西装合身了，整个人状态也不一样了。

撒贝宁：整个人状态好一点了，但还是挂着莫名其妙的微笑……

鲁豫：我后来明白一个问题，我们每个人都有自己习惯的表情和动作，很多时候生活中不觉得有什么，但是一到屏幕上，一被放大，就会觉得某些场合那个微笑、那个表情、那个动作是不适合的。

撒贝宁：后来我发现我在镜头前毛病也是很多，我说话的时候，手特别容易这样……我的同事从我的节目里截图，摆成一串儿，穿着各种不同的衣服、嘴型也不一样，一看就是说着各种不同的话，但是手势都是这样……

鲁豫：每个人都会有自己习惯的姿势，我好像也有，他们也帮我总结过……我不是像你这样只有一个。

撒贝宁：我这个姿势还是在变化……

撒贝宁和鲁豫都是我国知名主持人，都曾主持过家喻户晓的节目，在从业经历中有一定的共同点。

在以上采访中，不难看出，鲁豫适时运用了“自己人效应”，结合撒贝宁第一次录制《今日说法》的出镜表现，表达了自己对节目中“边走边说”形式的态度，两个人对此进行了讨论。在撒贝宁提到自己在早期做节目中总是会有习惯性的“微笑”的表情和不自觉的一些小动作时，鲁豫也及时回应了自己的相似经历。整个采访氛围和谐，仿佛两个同行在进行轻松的交流一样。

五、结合访问对象回答，适当追问

在采访开始之前，记者一般都会做详细的采访策划和准备，明确采访目的，突出采访主题，选择采访方式，准备采访问题。但采访对象之间具有个体差异，又有很大的主观能动性，谁也无法提前预料采访对象的回答。所以，现场的采访可以参考采访提纲，也需要结合采访对象的回答适当临场发挥。对采访对象回答的细节把握、在原有答案基础上进行进一步追问，都是记者应该具有的能力。

（一）采访双方是“你来我往”，而不是“你问我答”

采访是记者与采访对象双方交流的过程，记者提问，采访对象回答，记者根据采访对象的回答进一步组织语言访问，双方你来我往，在彼此沟通交流中获取信息。

有的新闻记者初学者在采访时容易出现过于依赖采访提纲而忽略采访对象现场表现的现象，将“你来我往”的双方交流变成“我问你答”的问答现场。在采访现场，在询问完一个问题之后，丝毫不在意对方回答了什么，马上参照采访提纲进行第二个问题的询问，没有根据采访对象的回答情况调整采访提纲的问题顺序或者临场发挥进行补充性追问。

“我问你答”式提问多是因为记者的紧张或者经验不足造成的，因为无法及时根据采访对象的回答临时发问，只能依赖提前准备好的提纲。“我问你答”式的提问没有及时给予采访对象应有的回应，仿佛只是为了完成采访任务而进行的提问，会给采访对象“不专业”“不敬业”的感觉，这是采访时应该避免的行为。记者需要多加练习，提高临场反应能力，避免这种现象的发生。

例如，在中国国际电视台（CGTN）对董宇辉的采访中，双方有如下对话（原采访为全英文采访，本书列举的是中文翻译版）：

记者：你现在比刚开始直播的时候更加小心谨慎了吗?

董宇辉：那肯定的，在社交媒体上有时你的语言和表达方式可能会被误解，在互联网上很容易这样。

记者：特别是当你现在拥有这么多粉丝?

董宇辉：是的，尤其是你说的每一个字、每一句话都可能被误解。真的，我们没有第二次机会（去解释）。

记者：你认为对你的同行来说，拥有哪些资质是很重要的?

董宇辉：我们不仅仅是卖东西的人。我们获得了很多关注，非常多的关注，当你拥有人们的关注时，你不仅需要珍惜他们花在你身上的时间，对于自己要传达的是什么样的价值、什么样的知识，更要时刻保持警觉。

记者：成为一个有影响力的人还需要注意什么?

董宇辉：你需要取得某些实实在在的成就，但我还没有。

记者：比如说?

董宇辉：比如说，我对自己的定位是一个从农村走出来的人，我想试着帮助农民和低收入群体，他们与土地息息相关。我可以通过推销农产品来帮助农民，但我们的工作才刚开始，这只是个开端。

记者：是的，宇辉，我想知道，你似乎将助农视为己任，这是你保持与自己的根连接的方式吗？

董宇辉：当然是。

在以上访问中，记者的问题紧密结合董宇辉的回答，双方的交流自然、流畅，让人赏心悦目。让人感觉记者不仅认真听取了董宇辉的答案，而且问题都在点子上，既合理又专业。

（二）回答意思不明晰时，需要进一步追问

现实中我们会遇到各种类型的采访对象，有内向的、外向的、理性的、感性的。并非所有人都能够清晰地表达自己的想法，有些采访对象可能感触很深，但是表达不清，或者回答了很多，但是太过繁杂，重点不明。这种情况下，就需要记者在原有回答的基础上进行总结、追问。

常见的方法之一是多问“为什么”，让对方更加明确地表达自己的意思。或者将对方的话重新梳理下再反问，例如“你的意思是……”通过追问获得具体的、清楚的信息。

例如，央视记者对艾滋病毒感染者刘子亮[①]的采访：

记者：一夜之间没人理了，这种变化明显吗？

刘子亮：太明显了，有些人就说，怎么不把刘子亮抓起来，要是刮一阵风，我们村不就完了吗？

记者：刮一阵风就完了，刮一阵风怎么就完了呢？

刘子亮：他们好像是说空气也会传染。比方说我从这过去，你从那边过来，看到我以后，你本身是往这儿看的，马上就往东，站在这里，等着我过去以后，你再过来走你的路，就给我让道，就那样怕我。

记者：那时候你心里的感受呢？

刘子亮：我真想搂住，抱住他们。

记者：你为什么想着要去搂他们，抱他们？

刘子亮：我脸上挂不住，我心里挺苦恼的，挺可恨，我有这么可怕吗？我是个人啊！

记者：那个时候是不是心里头有一点怨恨？

刘子亮：我不（只）是怨恨，几乎眼泪都要出来了。

以上采访片段中，记者多次针对刘子亮的回答进行了追问，“刮一阵风怎么就完了呢？”“你为什么想着去搂他们，抱他们？”属于典型的“为什么”型追问。虽然这些问题的答案记者多半心里是明白的，但是记者明白并不代表观众也能够明白。而且，即使观众能够明白，引导采访对象进一步表达也很重要。所以，记者的采访不能停留在“我

① 中国首位愿意直面媒体的艾滋病感染者。

知道为什么”的程度，要尽量引导采访对象进一步明确、清晰地表达观点。采访对象的直接引语更真实，更能打动人。

而采访片段中“那个时候是不是心里头有一点怨恨”则属于总结性追问，将前面采访对象的回答进行了总结后再反问，从而得到采访对象更明确的观点。

（三）对答案存疑时，需要进一步追问

做采访是记者通过询问进一步了解事实、了解采访对象的过程。虽然可能是记者一人在采访，但是代表的却是受众群体，需要站在受众的角度考虑问题：受众想了解什么？受众感兴趣的是什么？采访对象这个回答受众会不会有疑惑？

在采访中，如果记者感觉采访对象的回答与预想的不符，或者采访对象回答完，记者仍有疑惑的情况下，就需要进一步追问。

例如，前文中，中国国际电视台（CGTN）对董宇辉的采访（原采访为全英文采访，本书列举的是中文翻译版）：

……

主持人：如果只能用一个词来描述你现在正在做的事，你认为你是一个老师，一个影响者，或者一个电商销售还是其他什么呢？

董宇辉：我曾经是一名老师，但是现在我是一名售货员。但未来我期望成为一名影响者。网红和影响者是不同的，我不认为我现在是一个有影响力的人。

主持人：还不是？

董宇辉：还不是。因为如果你想成为一个有影响力的人，你需要非常留心，关注自己正在传播的内容。因为如果人们崇拜你，他们会以你为榜样。

主持人：但人们会认为，你已经是个很有影响力的网红了，很多关注你的人是这么想的。他们认为你的直播创造了一种不同的氛围。传递了很多知识和信息，谈论的不仅仅是产品本身。还表达了一种对复杂精致事物的理解和感受，以及意义中的深度。

董宇辉：我试图传递一种积极的、正能量的信息。我们在生活中会遇到挑战，但我们不能总是消极应对。

在采访中，当记者询问董宇辉对自己的定位时，其非常谦逊地回答道：“我不认为我现在是一个有影响力的人”。相信大多数观众在看到这个回答时都会心有疑惑。因为董宇辉自 2023 年 6 月 9 日强势出圈以来，立刻成为电商直播界的传奇人物，董宇辉个人及所在的直播间迅速成为“热搜体”，其所在平台的粉丝量、销售额及新东方的在线股价都得以迅速提升。“双语直播、吟诗作赋、段子和鸡汤信手拈来”已成为他的标志。除了直播，他的才华横溢，他对文学的推崇，他脚踏实地的人生态度等都被人们称赞，也对不少网友产生了一定的影响。就是这样一个几乎算是网络平台的风云人物，却依然觉得自己“不是一个有影响力的人”，原因是什么呢？记者以简单的“还不是”三个字进行了追问，相信这也是观众们非常想知道的。

在董宇辉对“还不是”进行了简单的补充后，记者则进一步询问“但人们会认为，你已经是个很有影响力的网红了，很多关注你的人是这么想的。他们认为你的直播创造了一种不同的氛围。传递了很多知识和信息，谈论的不仅仅是产品本身。还表达了一种对复杂精致事物的理解和感受，以及意义中的深度。”在看到这个问题时，不少观众都会对记者伸出大拇指，“这不正是自己的互联网‘嘴替’吗？”问出了自己的心声。

在采访中，类似以上这种情况还有很多，适当的追问可以帮助记者进一步了解采访对象的感受，获取更多的、更具体的信息，这是采访中经常用到的方法之一。

六、记者需要注意自己的“非语言行为”

美国传播学教授拉里·A. 萨默瓦（Larry A. Samovar）认为：人类面对面的交流中，大约四分之一的信息是由言语行为传递的，而其他四分之三的信息是非语言行为传递的[①]。记者在进行访问时，除了需要注意问题的设置、语言提问的技巧外，还不能忽略“非语言行为”的作用。“非语言行为”的恰当使用也是访问的技巧之一，能够为采访的顺利进行提供保障。

非语言行为是不包括语言行为在内的所有交际行为的统称[②]，是不用语言表达的，但是被社会成员所共同认知的属性或行为。这些属性或行为可以由环境造就，也可以主观形成。被访者可以解读这些属性和行为，也可以对之做出回应。

采访记者（尤其是出镜记者）的“非语言行为”主要表现在外在形象、体态语、类语言、距离四方面。

（一）外在形象

外在形象分为可控部分与不可控部分。容貌、身高、体重属于不可控部分，一时间较难改变，但是发型、服饰、妆容等却可以有所不同，属于可控部分。

对于可控部分，作为记者，适合穿着大方、大体、妆发自然，过于复杂的衣服、奇异的发型都会太过瞩目，吸引采访对象和观众的注意力。同时，可控部分需要根据采访环境和采访对象的情况进行调整，整体与采访现场相协调。例如，如果记者需要到山区采访留守儿童，或者下煤矿采访煤矿工人，就适合穿着轻便的衣服，甚至换上现场的工装，并且妆发简单，一方面利于行走、活动，另一方面不会给采访对象造成压力；但如果记者需要采访企业家或者知名演员，就适合穿着较正式的套装，并附淡妆，一方面显示出活力，另一方面让采访对象感受到记者对采访的重视，对采访对象的尊重。

采访开始时，采访对象会根据记者的外在形象快速产生“第一印象”，让人舒服的外在形象是采访顺利进行的第一层保障，记者应该引起重视。

---

① 萨默瓦，波特．跨文化传播［M］．4版．闵惠泉，王玮，徐培喜，译．北京：中国人民大学出版社.2004.

② 李森．跨文化交际中非语言行为语用失误及差异研究［J］．北京：商丘职业技术学院学报，2020，19（4）：40-42.

（二）体态语

体态语包含表情语、首语、手势语、体姿语等。在采访时，体态语也可以表达态度，强调语言信息，或者进一步增强感情。对于记者来说，体态语以表现得当为佳，过多且夸张的体态语会打扰到采访对象的思路，影响其发挥；完全没有体态语则会让人觉得到冷漠甚至感觉不太真实。

在采访时，针对采访对象的回答，适当的点头、摇头、面露微笑、面露同情、轻微的手部动作都属于正常的可被接受的体态反应，但是类似于时不时的大笑、夸张的情绪反映、大幅度的身体动作则会让人感觉莫名其妙。体姿方面，如果是在现场出境，记者需要练习自己边走路边正常说话的能力，一方面输出信息，一方面展现现场。如果是室内坐姿采访，也需要注意自己的体态，身体前倾会给人亲近、主动倾听的感觉；反之，身体后仰则会让人觉得傲慢、疏远；身体正常坐直则是日常双方交流的较多选择。

体态语是不易被察觉的内容，但同样会对采访效果产生影响。如果记者在平时有习惯性的体态动作，为了避免在采访时干扰到采访对象，最好通过日常练习纠正过来。

（三）类语言

类语言与语言相关，是伴随语言同时出现的声学行为，包含说话时的语调、音量、重音、节奏、速度、停顿等。

对于类语言的重视，并不需要所有新闻记者在采访时都展示专业的播音腔，但是记者的类语言需要与采访现场和采访记者保持一致。例如，当记者在体育比赛、活动庆典、重大活动等现场进行采访时，周围都是庆祝的群众，现场气氛热烈，记者的采访语调也需要适当高昂，音量增大，语速加快；但是，当记者在灾后重建现场、学校或者葬礼现场时，采访语调就需要低沉，音量降低，语速放慢，适当停顿等。

类语言包含的内容较多，记者在日常采访中会慢慢积累这种根据特定采访场合和采访对象而调整的声学行为。

（四）距离

这里的距离指的是采访时记者与采访对象之间的自我空间调整。美国人类学家爱德华·霍尔（Edward Twitchell Hall Jr.）曾将人与人之间的距离划分为以下四种类型。

（1）亲密距离（Intimate distance）。0~45 cm，比较亲近的人的空间距离，常见于夫妻、家人、亲密朋友之间。

（2）个人距离（Personal distance）。45~120 cm，两人可以伸手碰到对方，彼此认识，不算特别亲密，属于一般熟人。

（3）社交距离（Social distance）。120~360 cm，双方认识，但不熟悉，仅点头之交。

（4）公众距离（Public distance）。≥ 360 cm，双方不认识。

以上四种类型的距离，个人距离（45~120 cm）最适合记者和采访对象，既没有过分亲密，也没有太过疏远。现实中，记者和采访对象多数可能私下并无交集，没有亲密的关系基础。但是，既然能够针对统一事件或同一话题进行访问，在访问进行时就不属于完全陌生的关系，所以，也不能划入公众距离。

相对于其他“非语言行为”，采访距离的把握比较简单易行，但也需要结合实际情况调整。如果采访对象是听力不佳的老人，就可以适当拉近距离。但大部分时候，45~120 cm 是“不远不近”的最恰当的采访距离。

访问技巧的使用需要结合访问事件的性质、访问人物的特点及访问环境的情况而定，以上访问技巧都有特定的使用条件，记者在具体的访问过程中需要结合实际情况而定。

第六章
新闻采访的其他类型

访问是新闻采访的主要类型，属于直接采访，人们认知中狭义的新闻采访甚至仅指访问。但现实中，采访的类型是多样化的，除了访问外，记者还可以通过观察和调查来获取新闻信息、了解新闻事实，在网络技术发达、网络信息海量化的今天，网络信息搜集也是重要的采访类型。观察、调查、网络信息搜集可以称为间接的采访。

第一节　网络信息搜集

所谓网络信息，指的是网络平台所能搜集到的所有信息，是通过网络平台储存、传递、呈现的信息。同传统文献相比，网络信息类型多样，特点明显。在互联网快速发展的今天，网络信息搜集越来越成为记者重要的采访补充。

一、网络信息的特点

网络信息的特点同网络技术的发展和网络平台的属性关系密切，随着网络技术的不断更新，网络信息逐渐向“速度更快、内容更全、互动性更强”的方向推进。

（一）内容丰富、形式多样

1. 网络信息类型多样

网络信息内容包括媒体资讯、文献资料、网友观点、调查数据等内容。凡是能够想到的话题和有一定影响力的人物，都可以在网络平台搜集到相关的信息。

例如，以“春运”为例，利用百度搜索引擎进行搜索，点击搜索栏下方的“资讯”导航栏，就可以看到所有与“春运”相关的信息，包括《文汇报》《新民晚报》《工人日报》等报纸媒体，也包括央广网、中国经济网、北青网这类网络媒体，还有类似于澎湃新闻等新闻客户端。有关当年春运的整体情况和具体地方情况几乎都可以在相关媒体咨询中找到有用的信息。这些信息因为经过了媒体的把关和编辑，真实度较高，对记者来说参考价值较大。

关于“春运”的文献资料，也能通过网络信息搜索实现。通过搜索引擎可以了解春运的概念、产生的原因，春运的特点、春运的时间等基本信息，还可以选择中国知网、百度文库等专门的网站浏览与春运相关的文献资料。中国知网的文献储备非常丰富，包含学术期刊、学位论文、会议资料、学术成果、图书等内容，是记者查阅文献资料的重要选择。

网络平台的互动性强，用户参与度高。网友观点可以在网络平台的评论区找到，也可以登录专门的以用户为主的网站、平台搜集，如知乎、哔哩哔哩、抖音短视频平台等。许多平台还会有网友投票，参与人数、答案比例一目了然，可以帮助记者快速了解网友态度。例如，关于“春运”的话题，微博平台多个账号都发起了网友投票，包括“计划春运期间什么时候回家”“春运回家是否会焦虑”“春运怎么回家（交通方式）”等，网友参与人数、数据分布比例等信息都能清晰看到，方便记者快速了解相关话题的网友观点。

关于调查数据，记者可以根据主题进行搜索，例如，通过《中国互联网络发展状况统计报告》了解关于我国网络发展状况和网民使用网络的情况；通过《趋势报告 VOL.13 | 2023—2024 年中国微短剧市场研究报告》了解我国微短剧的发展情况；通过《一组数据，带你预览 2024 年春运》了解 2024 年春运的时间、整体人员流动量、各个交通工具的人员流动量对比等。有数据支撑的稿件显得更为真实、客观，来自权威机构的数据更能为文章增彩。记者进行网络信息搜集时，可以主动关注数据类信息，挑选有价值的为己所用。

除了以上四种类型之外，其他类型的信息记者也可以根据需要搜集使用，包括部分来自自媒体的信息。

2. 网络信息形式多样

以“媒体资讯”为例，呈现形式有文字、图片、视频、超级链接、H5、直播等多种形式，且这类形式之间还可以自由组合使用。同时，图片有静止图片和动态图，视频可以有长视频和短视频，H5 可以选择不同的风格，直播可以选择出镜或不出镜。现在随着媒体间竞争的加剧和网络技术的进一步发展，不少网络平台甚至开始推出“AI 主播”或者“VR 新闻”等结合现代虚拟技术的信息呈现方式。

网络平台海量的信息、多样化的呈现方式，可以为记者提供内容，打开思路，是新闻记者采访的有效选择。

（二）信息时效性高

网络信息的高时效性是其突出优势。网络平台的低准入门槛和各个移动端的发展，使得受众可以轻松将内容上传。最新、最早的信息多数来自媒体，包括报纸、电视、网站等传统媒体，也包括微博、微信、短视频平台等新媒体，以及各类自媒体平台。

1. 专业媒体信息时效性高

传统媒体、新媒体因为本身的资源优势、设备优势和人才优势，可以快速采集到信息，并迅速在互联网上发布。

现实中很多新闻现场，对在场的媒体有一定的数量和类型要求，只有特定的媒体才能到现场采访报道，如奥运会开幕式、体育比赛现场等，受众只能观看在场媒体传播的内容；同时，媒体会有专门的策划、采访、摄像、收音等专业设备，有利于快速、全面地采集、发布信息；而且，作为专业的新闻从业者，长期工作培养的新闻敏感性，也能迅速判断新闻事件的新闻价值，并快速确定采访报道重点，在较短时间内形成新闻成果，并借助网络平台传播。

2. 自媒体平台信息时效性高

在“人人都有麦克风”的今天，自媒体方便快捷的属性也为网络信息的高时效性提供了另一种可能。

例如，2023年年底，冰雪之城哈尔滨爆火，成为国内旅游热门城市，连带着网络热词“南方小土豆”“马铃薯公主”等也迅速火遍网络。在众多的网络热梗中，“小砂糖橘”可谓是引得全网关注，并引发了多个省份小朋友前往东北游学的热情。

“小砂糖橘”指的是来自广西某幼儿园的11名小朋友，他们最大的6岁，最小的才3岁5个月。2023年12月31日，他们在3名老师的陪伴下，抵达哈尔滨开启游学之旅。因为统一着橘色上衣，拉着橘色箱子，又来自生产砂糖橘的广西，就被广大网友统一称为“小砂糖橘”。

“小砂糖橘”排着整齐的队伍在冰天雪地的户外很快成为一道风景，他们穿着厚重的亮色羽绒服，走起路来摇摇摆摆，在雪地里撒欢、奔跑，或者在冰雪滑梯上滑雪，憨态可掬的样子引发了不少市民的围观，同时拍摄了大量的视频上传至短视频平台，配合文字和音乐进行传播，喜爱之情溢于言表。随着越来越多的关于“小砂糖橘”的内容在网络出现，“小砂糖橘”迅速成为爆火热词，频频登上热搜。

在漠河文旅局开启的漠河慢生活直播间，数据显示超340万人看过直播，了解“小砂糖橘”们的情况。还有大量网友在各个直播间追看“小砂糖橘”们的行程，纷纷开启“云看娃”模式，随时清点人数，“报告，11个小砂糖橘，一个都不少”的言论出现在不少网络平台。小朋友们的这次哈尔滨之旅也被网友称为“家长最放心的一次游学”。

“小砂糖橘”们最早在自媒体平台被传播，众多网友的关注带来了巨大的流量，继而引发了“漠河文旅”“中国消防救援”等官方平台的直播，再而被黑龙江都市频道、人民网、新华社、吉林广播电视台等专业媒体直播。自媒体平台的低准入门槛和庞大的受众基础为一手信息随时随地的实时传播提供了可能，为“小砂糖橘”的爆火奠定了基础。

（三）真假难辨，信息低俗化明显

1. 网络平台准入门槛低，言论多元化

网络平台自诞生之日起，就以开放性和信息海量性被受众熟悉，网络因其存储空间的优势，没有传统纸质平台或者视听平台的版面、时段、时长要求，对信息数量几乎没有太多限制，网络平台对于信息数量的宽容，就必然导致信息质量的参差不齐，为了保障人们对信息多元化和时效性的需求，网络审核标准降低，把关不严，导致大量未经核实、真实度存疑的信息也会出现在互联网上，对人们认识问题、了解事实造成干扰。

而且，随着微博、微信、短视频等自媒体的发展，普通大众也得以在网络平台更多地传递信息，网络增强了个人意见的传播，为一些个人的、非主流的，甚至是边缘性的观点提供了便捷的传播渠道，网络真正地成了“观点的自由市场”。但网络对大众话语权开放的消极意义也日渐明显：个人言论无论是真实度还是客观性方面，都无法与专业的媒体官方账号相比。普通网民因为个人时间、精力有限，并没有对事件进行深入、全面的思考和探究，就草草得出了结论；有些网民本身知识文化水平、思想水平有限，对事件的看法并不科学、全面，主要表达的是个人的、主观的看法；网络匿名性的保护，使得网友在发表观点时更加没有顾虑，现实生活中被社会公德、职业道德约束的言论均可以在网络空间恣意发表，大量不负责任，带有侮辱、诽谤性质的言论，也充斥在网络空间，有时甚至会演化为网络暴力，对他人造成伤害[①]。

2. 网络用户为博眼球，内容低俗化

互联网时代，有流量就意味着被关注，被关注就可能线下变现，甚至通过网络平台实现致富梦想。因此，不少用户花样百出地追求流量，在经济利益的驱使下，不断挑战人们思想的下限。近年来，随着短视频平台的不断发展，一二线城市的用户群体逐渐稳固，三四线城市下沉市场不断普及，网络受众群体更加广泛。“流量乞丐”这个词也开始出现，即专门以不良信息博眼球、赚流量的账号[②]，网络上，尤其是各大短视频平台，出现了大量无价值、无深度、无影响的“三无”短视频。

2024 年 1 月 16 日，抖音直播发布上一年（2023 年）年度平台治理盘点，全年持续打击“户外低俗”“不良 PK”等直播问题，无限期回收直播账号 29 万个，其中包括曾经的网红“秀才”“林先生”等所谓的头部主播[③]。其中被网友称为“秀才”的主播账号下，其查封前曾经发布 1 300 多个作品，视频场景和内容极其类似，基本都是选择乡村田间，衣着衬衫或西装，梳着精致油头，“回头”“抿嘴”“微笑”“撩头发”“对口型唱歌”等是其标准动作，内容简单、重复，同质化极高，且没有明显内容倾向或社会价值。尽管有网友评价他“太油腻，没眼看”，但“秀才”依然迎合了部分受众心理，俘获了大量用户，迅速涨粉至 1 200 万，获赞量更是高达 2 亿。如果放任这种类型的内容在网络平台扩散，会更加剧网络平台低俗化的倾向。“秀才”账号终在 2023 年 9 月被封禁，平台显示其“违反《抖音社区自律公约》的相关规定”。

针对网络内容低俗化等问题，中央网信办（中央网络安全和信息化委员会办公室）多次举行专项活动对违规违法的直播和短视频账号进行整治。例如，2023 年 7 月，中央网信办发布了《关于加强“自媒体”管理的通知》（以下简称《通知》），开展对资讯、社交、直播、短视频、知识问答、论坛社区等类型网站平台的督导检查，督促网站平台严格对照工作要求抓好贯彻落实，切实加强“自媒体”管理。从完善粉丝数量、限制违规行为等 13 个方面对“自媒体”进行规范。对制作蹭炒社会热点事件、发布谣言、矩阵式传播违法和不良信息造成恶劣影响的“自媒体”，一律予以关闭，纳入平台黑名单账号数据库并上报网信部门[④]。

二、网络信息搜集使用

记者可以通过搜索引擎、专业网站、网络数据库、社交媒体、自媒体等平台，获取有用的信息，判断其真实性和新闻价值，借鉴使用。

---

① 程洁．网络传播学教程 [M].3 版．苏州：苏州大学出版社，2021.
② 刘哲，对网络平台信息安全责任的反思与重塑 [J]. 网络安全空间，2022，13（5）：1-5.
③ 何倩，乔心怡．抖音直播治理 2023 盘点：无限期回收直播权限账号 29 万个 [N]. 北京商报，2024-01-16.
④ 杨蓉．一个月内，多名一线网红被封禁 [N]. 上观新闻，2023-09-04.

（一）借助网络快速获取新闻线索

网络信息的提供从一开始的定时，到后来的及时，再到现在的实时，甚至是全天候，时效性一直遥遥领先。因此，很多记者早期的新闻发现都是从网络平台开始的。优秀的记者应该熟悉网络的属性，能够从海量的网络信息中锁定有价值的内容作进一步挖掘。

网络信息繁杂，为了保证时效性，记者平时可以多关注一些权威的，且与所报道领域相关的账号。例如，权威媒体账号，政府部门账号，报道领域相关的企业官方账号，领域内学者、专家代表个人账号，网络平台“意见领袖”的账号。

这些账号包括微博、微信、新闻客户端、抖音等各类账号，当这些账号有更新时，就能第一时间收到信息，迅速判断变动价值，从中寻找新闻线索。

除了传统媒体或组织与个人的官方账号外，有时候从个人自媒体也有可能发现新闻线索。例如，某市民行走在户外，突遇外卖小哥跳水救起落水儿童这一幕，他感觉这件事很有意义，就发了微信朋友圈对小哥见义勇为的行为进行了夸赞。作为记者，在刷新朋友圈的过程中发现了这条微信，认为比较有新闻价值，就可以联系当时目击的这位市民进行采访，进一步对小哥的行为进行传播。或者，在一段时间内，自媒体平台的众多好友都在对某现象发声，如“大学生文凭是不是‘孔乙己的长衫’”“当代大学生是不是‘脆皮大学生’”等话题，当这类话题比较有讨论热度时，记者也可以针对此话题展开采访，完成报道。

由于自媒体平台受众分散极广，不少受众也习惯了“遇事不要慌，先发个朋友圈”式的传播应对方式，自媒体的时效性甚至要快于传统媒体、官方平台。人们从自媒体平台最先获知消息，知道了“是什么”，然后再去传统、官方平台进一步了解消息，探究“为什么”和“怎么办”，这已经是比较常见的获取信息的步骤。只是自媒体平台的信息一般比较分散，权威性和真实性欠佳，记者在从自媒体平台寻找新闻线索时，需要考虑到这个因素。

（二）选择性借鉴有用信息

网络信息的作用不仅停留在提供新闻线索方面，在已经确定线索的情况下，网络信息依然可以被记者搜集使用，为采访报道添砖加瓦。记者对网络信息的使用主要表现在引用、参考和对比两个方面。

1. 引用

有的网络信息可以直接被引用，如政府部门公布的官方信息，如《政府工作报告》，国家领导人在重要会议上的讲话等，因为极高的权威性，在新闻作品中出现，可以提升作品的可信性，而很多这类信息都可以在网上找到文字版或视频版资料。

官方数据统计，诸如由中国互联网信息中心（CNNIC）发布的《中国互联网发展状况统计》、灯塔研究院《2023 中国电影市场年度盘点报告》的报告，国家统计局的统计数据等，数据的引用可以使新闻作品显得公正、客观。

行业人士、网友代表的言论也是记者能够引用的信息，可以是这个人物在公开场合的发言，也可以是其他媒体对其采访时的言论，甚至可以是人物本身在自媒体平台的言论等。

网络平台的开放性、包容性为网络信息引用提供了方便，但是记者在引用这些信息时，一定要标明出处，例如：“《政府工作报告》中提到……”“据《中国互联网发展状况统计》得到的数据……”“网友 *** 曾说过……”，一方面标明出处，可增强可信性，另一方面避免可能的侵权。而且，对网络信息、数据、言论的引用要在一定的范围内，不能直接复制、粘贴大量内容，演变成“抄袭”。

2. 参考和对比

有些网络信息不适合直接引用，但是可以参考、对比，为自己提供思路和角度。

例如，记者接到任务，需要对某新闻事件或话题进行采访报道，需要思考报道主题、角度，策划采访报道方案。在采访准备阶段，记者可以通过网络搜集与本次采访相同或相关的信息。大致流程如下。

（1）搜集选题相关信息。搜索网络平台有没有相同、相近的新闻选题；是哪些平台传播的，各有什么特点。

（2）确定采访报道角度。如果没有类似的选题，记者的自由发挥度比较高，但是因为资料较少，采访难度较大。

如果已经有类似的选题，他的采访角度是什么？采访是否深入？自己再进行采访是在已有角度的基础上进一步采访报道，还是避开这个角度，以避免内容同质化。

（3）确定采访呈现形式。网络平台类似选题已经出现的采访呈现形式有哪些？文字、图片、短视频、H5 等，各自的利弊如何？自己最终以什么形式呈现采访，以实现采访效果最大化。

（三）注意甄别虚假干扰信息

网络信息内容丰富、形式多样、时效性高，为记者提供了大量的新闻线索和有用信息，但网络信息真假难辨，部分内容低俗，记者在采访时并不能完全相信、依赖网络信息，尤其需要甄别网络信息的真实性后再选择性使用。

1. 注意甄别事实性虚假信息

有些网络信息属于事实性虚假，也就是根本没有此事实发生，网友处于无聊或者来自某些任务需要的压力等目的，坐在家中编造了人物、事件、场景发布至网络，因为网络监管、审核不严，致使其进一步传播。在网络上，有的虚假性信息甚至配有相关的图片、视频等，看起来非常“真实”，但也有可能是别有用心的人为了流量，专门策划、摆拍的内容。

例如，“保安徒手接坠楼婴儿”原本是保安公司为传播正能量翻拍的视频，但却在网络被当成热点事实传播。

“上海女逃饭门”的主角并不是真实的“上海女”，而是上海周边某省的一名有夫之妇徐某某，因春节不愿意到丈夫家过年独自留守家中，为宣泄情绪而发帖捏造的故事。

令“半个朋友圈”感动、转发的《春节纪事：一个病情加重的东北村庄丨返乡日记》也只是某杂志的一名记者为完成编辑任务坐在北京的家中捏造的东北农村。

类似这种虚假信息非常多。记者在通过网络搜集信息时，首先需要判断事实的真实性：这种事实发生的可能性大吗？有没有权威的部门或者传统媒体官方报道过？能否与事件相关人员进一步求证……

如果对事实的真实性存疑，不妨“让子弹再飞一会儿”，等到事态明朗了再进行搜集使用。如果必须要使用该信息，一定要注明出处，“据 ** 称……”，最大程度地降低使用虚假信息的可能性。

2. 注意甄别细节性虚假信息

有些网络事实并非完全虚假，而是部分细节虚假。细节性虚假事实，有可能是发布者在一开始上传时，担心流量不够，为了吸引更多的关注，刻意将事件中的部分要素进行了夸张、虚假的表述。也有可能一开始上传至网络的信息是符合事实的，但是不同网络平台其他账号在转发的过程中对其进行了“添油加醋”的处理。网络上同一则信息可以被不同的账号进行多次转发，较难保证每个环节都能符合事实原貌。

细节性虚假的另一种常见表现是蹭热点事件的热度，以真实事件为基础散布谣言。因为有真实事件做依托，这类谣言容易被人们轻信。

例如，2023 年 8 月 24 日，日本不顾国内外多方强烈反对，将福岛第一核电站的核污染水排放至太平洋。此举一时间引起国人的抗议、反感，网络上参与讨论的人很多，一些与日本核污染水排放相关的谣言也开始传播。如“食盐会被污染，得赶紧囤盐”“已经有变异的生物入境”“背上长脚的核变虾已经出现”等谣言在网络流传，一些地方真的出现了抢盐风波，为了安定民心，中国盐业集团还专门发了声明，表明：我国食盐的来源主要是井矿盐、海盐、湖盐，结构占比分别为井矿盐 87%、海盐 10%、湖盐 3%，井矿盐和湖盐生产均不受日本核污染影响。

细节性虚假事实因为有真实事件为原型或基础，更容易迷惑受众，更不易辨别。记者在网络搜集信息时，如果有不同账号转发的版本，应尽量找到信息的源文件作为参考。同时，对于事件的认识尽量依靠真实的信息或者自己的补充采访，而不能只靠主观感觉。同时，在引用网友观点时需要注意，过于偏激、绝对的言论尽量避免引用。

3. 注意甄别“断章取义”型虚假信息

网络平台上“断章取义”型的虚假信息也不少。一开始的信息确实来自真实的文件、发言或图像。但有一些账号为了博眼球，在发布时只截取了其中的部分内容，没有强调其前提或背景。然后其他没有一手资料的账号开始跟着转发，醒目的“标题党”或煽情的“短视频”满天飞。

例如，2023 年 5 月 21 日，戏曲名家何赛飞担任《戏聚高平·擂响中华——中国梆子大会》评委时的一番言论，就被媒体断章取义过。在比赛时，一名叫张军波的演员，现场表演了一出《清风亭》，非常精彩，但主持人却透露张军波本人生活非常艰辛：每月工资只有 1 500 元，只是个临时工，演戏之余经常需要跑网约车、送外卖来补贴家用。何赛飞在听到张军波的情况后，在评委席大声质疑："这样的艺术家不保护，不给予基本生存，给谁？"何赛飞难掩激动之情，继续道："他就是爱好，他喜欢，他从骨子里喜欢……他就是艺术家！你们口口声声梅花奖、文华奖，几百万几千万花那么多钱排一台戏，得了奖之后放在仓库里，老百姓也看不到，戏呢？钱呢？到哪里去了？"①

何赛飞关于戏曲和戏曲人的发言可谓振聋发聩，网络上迅速出现了关于此事件的文章和视频，但是也出现了"断章取义"式的信息。有些不负责任的媒体，为搏眼球，写出了"何赛飞痛斥梅花奖"类的标题，扰乱视听、误导受众。以至何赛飞都不得不在媒体采访中回应："我的发言内容中，哪有一句是'痛斥梅花奖'了？梅花奖是中国演员为之奋斗的艺术最高标准，我拼命鼓励年轻演员去努力得奖，怎么可能会'痛斥梅花奖'？这样断章取义的歪曲是非常不合适的……"

"断章取义"型虚假信息会扰乱视听，干扰舆论，记者在搜集网络信息时要对这类信息保持警惕，引用文件信息或者他人言论时，需要考虑前提和背景。

网络平台像一把双刃剑，一方面为记者提供了发现新闻线索、搜集新闻信息的便利，另一方面又有虚假信息、低俗信息的干扰。记者在对网络信息进行搜集使用时，要尽量选择权威渠道，对引用的信息标明出处……充分利用网络的便捷性，尽量克服网络平台的不足。

第二节　观察

观察，是有目的、有计划的知觉活动，是知觉的一种高级形式。观，指看、听等感知行为，察即分析思考。观察不只是视觉过程，而是以视觉为主，融其他感觉为一体的综合感知，而且观察包含着积极的思维活动，因此称为知觉的高级形式②。

观察是新闻采访的类型之一，是访问的重要补充。记者通过自己眼睛看到的、耳朵听到的、鼻子闻到的信息，真实度较高，且影响久远。很多记者在事后想起某采访对象时，可能已经忘记了采访时对方曾经说过什么话，但是往往对这个采访对象的形象、气质、风格还有印象。记者应该重视观察、利用观察，获得对新闻采访有用的信息。

根据采访主题和重点的不同，观察一般分为对外在环境的观察和对人物细节的观察。

① 吴思．独家 | 何赛飞回应"痛斥梅花奖"[Z]. 北京日报客户端 .2023-05-21.

② 百度百科

一、对外在环境的观察

（一）观察新闻现场

新闻现场指的是新闻事件发生地的情况，对于强调现场感的新闻来说，对现场的观察和描写非常重要，如各类比赛现场、自然灾害现场、事故现场、活动庆典现场等。大部分受众无法在现场，希望通过媒体尽可能地了解、还原新闻事件。记者通过现场的观察，可以了解现场的环境细节、人们的状态，同时，可以加入现场的个人感受。

我们经常看到暴风骤雨的天气里，记者拿着话筒站在风雨中报道："观众朋友们大家好，我现在所在的位置是 ×××，到现在为止，风雨天气已经持续了数日，我现在感觉到……"现场可能还会有被风雨打落的树枝，有匆忙赶路的行人，清理掉落树枝的工作人员……风雨的声音甚至完全盖过了记者的声音，观众需要借助字幕才能了解记者到底说了什么。在这种情况下，记者的采访报道可以将现场的信息进行整合，条分缕析地介绍给受众。与此同时，记者的状态也是现场的一部分，通过表述个人感受，让受众更加了解现场（图 6–1）。

图 6–1　新华社福建分社记者庞梦霞在台风"杜苏芮"登陆点附近晋江沿海做出镜报道

近几年，随着技术的进步，直播的流行，记者即使没有真正到现场去，也可以了解到现场的情况。例如，对于春节联欢晚会、体育赛事等的全时直播，记者可以通过各类直播平台了解现场演员的表演和观众的反应。2024 年春运期间，中东部河南、湖北等地持续出现暴雪、冻雨天气，有一些路段出现了长时间堵车的情况，如果想了解河南、湖北高速的路况，并不一定需要到现场去，在短视频平台有大量自媒体或官方账号在对这些路段的路况进行直播，有穿着收费员服装的高速公路一线工作人员，也有正行驶在路上的普通网友，观看直播的人们还可以实时提问路况情况，再安排自己的出行计划。记者也可以通过观看这些官方的、个人的直播了解高速路况。这类直播间观察虽然未到现场，但是也可称之为对现场的观察。

通过直播、转播这类形式的观察，可以在短时间内了解到现场的信息，而通过直播人员的互动提问，可以进一步补充了解现场信息。但是，直播、转播会受到拍摄镜头、位置角度、出镜记者意愿等因素的影响，不如亲临现场观察的信息全面、直观。所以，这类观察适用于记者无法或不能到现场的情况，也适用于对时效性要求较高的新闻采访报道。

（二）观察人物所在环境

有的采访不太强调现场感，采访的重点是人物或话题，但是一定的场景呈现对认识人物、了解事实有一定的辅助作用，可以更好地达到采访传播效果，也应该被记者重视。

例如，微信公众号“看天下实验室”曾发文《高中家长陷在人生规划迷雾中》，关注了北京2020年高考改革后，家长在面对孩子“3+3”新高考选科模式时候的努力和迷茫。文章开篇就是一个现场描写：

黑压压的听众席中搅起一阵骚动，无数双手臂将手机举过头顶。

“第一排穿紫色衣服的家长，你的头挡住PPT了！”一位家长喊道。一位穿军绿色羽绒服的高个儿家长干脆站了起来，瞬时，一阵衣服与椅子的摩擦声响起，后排的家长们也都站起来拍照。

半人高的显示屏上，展示着一张高中选科组合表。家长们举着手机，奋力捕捉眼前那张由红、黄、蓝、绿四种色块填满的表格。

北京海淀区，一个周六的下午，100余名家长穿着厚实的冬衣挤在一间50平方米左右的会议室里。将他们聚在一起的，是一场名为“高一生涯规划”的讲座。

记笔记、拍PPT、适当在主讲人特意留下的停顿中齐声回答，满屋子的家长好似回到了学生时代。

“从大学专业洞悉未来发展，以生涯规划知晓当下抉择。”印在讲座电子海报上的这两行字，从方法到结果，从当下到未来，清晰明了。

但当讲座结束，家长们三三两两聚在一起交流，困惑依旧缠绕在他们的心头和眉间。生涯规划，这是一道难解的题，困住截然不同的两代人（图6-2）[1]。

图6-2　家长参加孩子学业规划讲座

① 陈丽媛.高中家长陷在人生规划迷雾中[N].看天下实验室，2024-2-4.

通过以上这个现场描写，受众可以明显感受到，家长在面临孩子高中选科时候的状态：一方面希望通过专业讲座增加了解，帮助孩子完成选科；另一方面迷茫和困惑仍在。这部分现场描写为下文对这个话题的进一步探讨奠定了基础。

对外在环境的观察和传达，对于受众了解新闻事件、热点话题作用重大，随着直播、转播、航拍等技术和设备的进步，记者对外在环境的观察更加方便、及时。

二、对人物细节的观察

（一）对人物非语言行为的观察

在本书第五章第三节“访问提问技巧”部分中提到过，非语言行为是不包括语言行为在内的所有交际行为的统称。记者的非语言行为会让被采访者产生判断，对采访效果产生一定的影响。同理，记者在采访时，也可以通过被采访者的非语言行为判断对方的态度、状态，获得问答以外的信息。

被采访者可以被观察到的非语言行为主要表现在“外在形象、体态、类语言”等。

1. 观察外在形象

容貌、身高、体重、发型、服饰、妆容等，都是可以在采访时观察到的外在形象。其中前三者属于先天性的，在短时间内较难做出改变，一般不是记者重点观察的内容，除非类似于“鲁迅长孙的长相”“拍《热辣滚烫》时贾玲的体重变化”“某男女明星的真实身高”等特殊情况除外。

发型、服饰、妆容属于后天的可以主观改变的内容，应该被记者重点观察。时髦的发型、考究的服饰、精致的妆容，再结合对居住环境的观察，一般可以说明被采访者衣食无忧、生活优渥；或者对于本次采访比较重视，特意精心打扮了一番；但如果外在的精致妆容却难掩疲惫的神态，也有可能是被采访者故意在隐藏什么；或者被访者虽然衣着朴实、妆容简单，但是干净整洁，也能传递一定的信息……记者可以根据对被访者外在形象的观察，得出一定的结论。

2. 观察体态语

体态语内容较多，包含表情、体姿、动作等。在接受采访时，被访者的体态语往往伴随回答的问题一起呈现，而且体态语很多时候属于本能反应。有的时候采访对象或许会在回答问题时出现故意隐瞒的情况，但体态语的反应却比较真实，较难掩盖。记者可以结合被访者的回答和体态语一起判断信息的真实性和价值含量。

尤其在表情方面，有的采访对象在采访过程中心情愉悦；有的则心怀悲痛，悲伤溢于言表；有的整体情绪较平，却在听到某个问题或某人的名字时出现了明显的波动，这些情绪的微小变化记者都可以结合被访者的回答得出一定的结论。在体姿、动作方面，有的采访对象对于采访认真、配合，没有过多的小动作，呈现出稳重、自信的状态；有的采访对象则显得敷衍、随意，在整个采访过程中抓头发、摸耳朵等小动作不断，呈现出坐立不安的状态。

体态语可以判断被访者的性格特点，也可以判断被访者的态度、情绪，结合回答，可能得出更多的信息。

3. 观察类语言

类语言包含的内容较多，主要指人们在说话时候的语调、音量、重音、节奏、速度、停顿等。通过观察类语言，也可以得到较多有效的信息，例如，被访者的性格特征，被访者对于新闻事件的态度，被访者当时的状态等。

如果被访者在接受采访时，语速较快、音量较高、语调平稳或者高昂，有一定的节奏感，说明被访者对于所涉及的新闻事件或者话题比较了解，或者本人是比较外向的善于交流的类型，愿意与记者沟通。如果被访者在接受采访时，音量偏低或语速缓慢，甚至多次出现停顿的情况，可能是被访者对所回答的内容并不十分了解，或者被访者对于回答的内容比较谨慎，需要时间组织语言。而且，语调通常是语气的一种反应，如果通过一定的语调判断到被访者话语中充满了质疑或者不耐烦的语气，通常是不信任记者或者不配合采访的态度。

在采访观察时，对于类语言的观察通常要配合表情、体姿、动作等体态语的观察，共同得出有效信息。

（二）对人物行为细节的观察

对于人物的观察不同于对环境或对事物的观察，因为人具备主观能动性，在采访时可以根据自己的意愿做出选择：是否配合采访，是否真实的回答，在采访时是否会受到其他因素的影响而出现转折或变动，这些都无法提前预知的。在采访时，记者除了需要按部就班地询问问题外，还需要结合被访者的行为细节，通过思考和判断，得出更多的信息。

一些新闻人，尤其是新闻专业初学者，很多时候太过依赖于采访问题，没有重视观察的作用，以至于错失了很多信息。

例如，一高校新闻系的两位学生在完成人物专访作业时，曾对本校一位老教师进行过采访，这位老师在教授课程的同时，也拥有行政职务，是一个学院的院长，在学校受到学生们的尊敬和爱戴。两位同学认为他比较有采访价值，用心地准备了采访提纲，与老师约定在某天早晨 9 ： 00 开始采访。在当天早晨临近 9 ： 00 时，两位同学出现在老师的办公室门口，但是老师并没有来，办公室也大门紧闭，正当两位同学猜测老师是否忘记了采访的时候，在 8：58 时老师出现，身后还跟着许多其他的老师，貌似一起商量着什么事情。在两位同学跟着老师一起进入办公室准备开始展开采访时，老师却表示：咱们换个地方采访吧，办公室找我的人太多。同时把自己的大杯子倒满热水，带着两位同学来到了一处安静的小亭子进行采访……

以上行为细节，通过思考和分析，可以得出以下许多有效信息。

（1）约定的采访时间是 9：00，老师 8：58 出现。说明老师非常守时。

（2）老师出现时，身后跟着其他几位老师一起商量着事情。说明老师日常事务较多。也可以看出老师愿意留出时间配合学生采访，体现了对于学生的重视和爱护。

（3）老师主动提出换个地方进行采访，并把自己的大杯子倒满了热水。说明希望能不被打扰地、认真地完成本次采访，且做好了较长时间被访的准备。

通过以上行为细节，一位工作忙碌、守时高效、对待学生认真负责、不敷衍了事的老教师形象呼之欲出。再结合具体的问答情况，完全可以完成一篇优秀的人物专访。只可惜两位学生采访经验不足：一方面一味依赖采访问题，另一方面因太过紧张，完全没有意识到这些细节的重要性，在最终的专访稿件中并没有体现老教师行为细节的价值，只完成了一篇质量平平的采访稿件。

第三节　调查

调查，指的是一种为获得关于某一事物或现象的科学知识，通过一定的客观程序进行数据或资料的收集、记录、统计、分析，以探究和揭示其现状、过程、构成要素或运动变化规律为目的的研究活动①。

2023 年 3 月，中共中央办公厅印发《关于在全党大兴调查研究的工作方案》，深刻阐释了新时代大兴调查研究之风的重要意义，清晰指明了做好调查研究工作的总体要求和方法步骤。纵观中国共产党百年发展历程，调查研究一直是我们党的优良传统，是做好各项工作的先决条件，是我们党的世界观和方法论的统一。在全党大兴调查研究的时代背景下，新闻工作者更应该主动贯彻落实党中央的部署要求，在新闻实践中做好调查，创作出人们喜闻乐见的新闻作品②。

新闻采访中的调查主要分为数据调查和新闻事实调查两大类。

一、数据调查

数据调查指的是媒体为获得真实、全面、客观的数据进行的调查，调查主体可以是媒体，也可以是第三方调查机构，或者媒体与调查机构联合调查。根据调查对象的不同，调查可分为全员调查和抽样调查两类。全员调查适用于调查人数较少，且全部都在可接触范围内的情况，准确性较高。抽样调查适用于调查对象人数较多，且全部接触难度较大的情况，抽样调查结果可能会存在误差，但依然是一种相对公正、真实度较高的调查。

数据调查一般分为以下几个步骤。

---

① 郭庆光．传播学教程 [M].2 版．北京：中国人民大学出版社，2011.

② 康利坡．新闻舆论工作大兴调查研究的现实意义和实践路径 [J]. 青年记者 ,2022，23（15):57-60.

（一）明确采访选题，确定调查目的

数据调查是在采访选题明确之后选择的采访类型。在调查展开之前，需要确定本次调查的目的和重点是什么？是简单的数据搜集还是结合数据分析问题，或者是根据数据解决问题。

例如，2020 年 12 月 17 日，《传媒茶话会》曾发起了一次面对夜班媒体人的“主流（含新媒体）夜班媒体人问卷调查”。截止到 2020 年 12 月 22 日，《传媒茶话会》共收到有效问卷 389 份。本次问卷调查在开始之前就明确了目的：为了进一步了解夜班媒体人工作和身体状况，有针对性地提供一些实质性的援助。可见其不仅是搜集数据，还希望通过数据结论解决问题。本次问卷得出结论：22.62% 的受访夜班媒体人患有心脏方面的疾病，受高血脂、高血压、高尿酸、高血糖“四高慢病”影响的受访者占比也较多，分别为 32.65%、27.51%、17.48%、15.68%；夜班媒体人希望接受援助的意愿强烈，86.89% 的受访者表示愿意接受援助。针对这些数据情况，在后来 12 月 26 日召开的“2020 年中国经济媒体融合发展高峰论坛”上，中国经济传媒协会、《传媒茶话会》、中国光华科技基金会联合上海二三四五网络控股集团股份有限公司，在蒙牛集团的支持下，发起了面向全国媒体同仁的“夜班媒体人援助项目基金”，为夜班媒体人送去最贴心的关爱，包括但不限于向新闻单位免费捐赠 AED（即自动体外除颤仪）①。

在调查开始之前先明确目的，可以有针对性地展开问卷调查，提高调查效率。

（二）根据采访意图，确定调查对象

明确采访目的后，需要进一步确定调查对象。

（1）根据调查对象人数多少分为全员调查或抽样调查。如果调查对象人数较少，如某大学中文系老师希望了解本班同学网络小说的阅读情况，而班级共有 30 人，就可以进行全员调查；如果调查人数较多，例如，采访选题为“大学生短视频平台使用情况”，则只能选择抽样调查。

（2）结合媒体定位和选题内容进一步确定调查对象。例如，上文提到的《传媒茶话会》发起的“主流（含新媒体）夜班媒体人问卷调查”，其调查对象只能圈定在“夜班媒体人”的范围内。再如，在 2023 年全国两会召开前夕，中国青年报社社会调查中心联合问卷网进行了一项题为“两会在即，你最关心哪些议题”的全国两会青年期待调查，共有 2201 人参与。因为本次调查为“青年期待调查”，而《中国青年报》的受众群体也以青年为主，因此可以确定本次问卷调查的对象是以“青年群体”为主。实际情况也确实如此，在参与调查的 2 201 人中，平均年龄为 29.1 岁。男性占 37.9%，女性占 62.1%；一线城市的占 31.2%，二线城市的占 35.9%，三四线城市的占 22.0%，县城或城镇的占 7.7%，

① 李俊．四高、心脏病、抑郁……389 份调查问卷暴露出夜班媒体人这些隐秘的病痛！[Z]．传媒茶话会，2020-12-27.

农村的占 3.1%；学历在初中及以下的占 1.8%，高中 / 职高 / 中技的占 7.2%，大专 / 高职的占 19.9%，本科占 64.2%，硕士占 6.2%，博士占 0.7%[①]。由这些调查数据得知：本次问卷调查是以“本科以上、一二线城市的青年”为主要对象展开的。

（三）根据采访条件，确定调查途径

常见的问卷调查途径有纸质问卷调查和网络问卷调查两类。两种类型各有利弊，记者可以根据具体的采访调查条件，选择调查途径。

纸质问卷调查指的是通过线下发放问卷的形式完成调查，历史比较久远。可以将问卷发放到完全不相识的受访者手中，随机性较强，但是制作、打印、发放、回收历时较长，需要记者投入较多的时间和精力。而且，有的问卷可能有去无回，流失较多。

网络问卷指的是通过“问卷网”“问卷星”等专业问卷调查平台进行的问卷调查，将设置好的问卷生成链接，发送给受访者，问卷调查平台可以直接根据问卷填写情况生成调查结果，每道题的答案还可以选择饼状图、柱状图等直观、清晰的方式展现。网络问卷调查方便快捷，是目前比较流行的调查方式之一。但是因为网络问卷生成的链接主要由调查者发出，辐射到的人群多是与调查者相熟、相识的人群，随机性不强。

（四）根据采访需求，设置调查问答

问答的设置是问卷调查的重点，一份问卷是否科学、合理，与问答的设置密不可分。一份完整的问卷一般包括以下四个方面的内容。

1. 基本信息

一般出现在问卷的最前面，包括了解填写人的性别、年龄、地域、学历、职业、收入、婚姻等情况，根据问卷体量，基本信息的问题数量可多可少，根据调查重点，基本信息的问题可以作适当删减。基本信息主要了解填写人的情况，方便对照人群参考调查结果。

2. 认识 / 使用信息

一般跟在基本信息后面，在整个问卷中靠前的位置。例如，“你是否使用某短视频平台”“使用的频次是多少”“使用的目的是什么”“主要关注某短视频平台哪类信息”……认识 / 使用此类信息主要了解用户目前的使用情况，是问卷调查基础性的内容。

3. 评价信息

评价类问题有很多，例如，“你对目前某短视频平台推送的内容是否满意”“你认为某短视频平台对用户隐私的保护措施是否到位”等，答案的设置可以简单分为“满意”“不满意”，也可以分为“非常满意”“满意”“基本满意”“不太满意”“不满意”等多级。评价信息主要了解用户目前的评价情况，是问卷调查的重要内容。

① 杜园春，王品芝．中国青年报社 2023 全国两会调查：教育是受访者最期待的两会议题 [N]. 中国青年报，2023-03-04（4）.

4. 意见信息

意见信息一般出现在问卷最后，在评价信息的基础上提出建议。例如，“你认为某短视频平台还需要在哪些方面做出规范”“你认为某短视频平台是否有定期改版的必要性”……意见信息通常是调查者比较在乎的内容，甚至有些问卷就是为了征集意见而进行的。例如，2023 年国家税务总局网站在改版升级之前，特意开展了用户需求调查问卷，以求更好地响应纳税人、缴费人和社会公众的访问需求。

另外，问卷问题的设置需遵循一定的原则，以保证问卷的客观性和准确性。

（1）采用通俗易懂的口语体①。如果记者使用太过高深、晦涩的语言，或者运用属于特殊群体的专业语汇，问卷的推广度会受到影响。为了保证问卷被尽可能多的人填写，最好不要在语言方面设置太高的门槛，以免影响问卷的推广度。

（2）答案的设置科学合理。答案不能有歧义。有些答案属于“非黑即白”型的，设置简单且不会有任何歧义，例如，“您的年龄”，选项可以有“A：30 以下”“B：30~60”“C：60 以上”这些，那么“30”“60”这两个年龄该怎么选就存在歧义，可以将 B 选项改为“B：30~60（含 30、60）”就界限分明了。

答案要尽可能包含所有的可能性。例如，“您使用某短视频平台的目的是什么”的选项可以有“A：获取信息；B：学习知识；C：娱乐；D：分享互动；E：寻找创意；F：打发时间”。但是被访者可能还有其他的目的，调查者无法穷尽所有的可能性，可以在最后一项设置“G：其他”，并留出位置，让被访者填写。

（3）尽量以选择题的形式出现。问卷是对他人信息、态度的一种搜集，有些被访者可能会有抗拒、拒绝的态度。为了减少对他人时间、精力的占用，选择题的形式更容易被人接受（选项“其他”需要被访者填写的情况除外）。调查者可以根据需要设置单选题、双选题、多选题的形式。选择题也有利于后期调查者的数据整理。

（五）分析调查结果，使用调查结论

在全部完成调查之后，需要对调查结果进行分析。如果是线下纸质问卷调查，调查结果的统计和分析较为耗时耗力，如果是网络调查，调查结果可以于后台自动生成，较为方便。

对于调查结果记者可以根据需要选择其中的一项或几项数据重点说明，也可以将所有调查情况梳理好进行整体总结说明。为了真实、客观，记者也可以将问卷调查的饼状图、柱状图直接截图放在采访稿件中。

大部分问卷主要由问题和答案构成，有些问卷在开始时会对调查的目的进行简单说明，或者在问卷结束后对被访者表示感谢，并对被访者的信息隐私情况作出保证。

---

① 安德斯·汉森，等．大众传播研究方法 [M]. 崔保国，金兼斌，董菲，译．北京：新华出版社，2004.

二、新闻事实调查

并非任何新闻事件都需要调查，有的新闻事件涉及主体较少，事件过程简单，相关信息较多，媒体经过简单的采访报道，受众就能够了解，没必要再由媒体专门进行调查报道。但有的新闻事件延续时间较长，涉及主体较多，事件过程复杂，或者可能隐藏内幕，就需要记者进行调查。

（一）调查报道的新闻事件特点

1. 新闻事件价值较高，受众关注度高

在第一章第二节介绍了新闻价值，传统的新闻价值要素是新鲜性、重要性、显著性、接近性、趣味性，新媒体时代凸显的新闻价值要素是有用性、可视性、娱乐性。一般情况下，一则新闻满足的新闻价值要素越多，得到的关注也越高，如果再加上有些概念、信息不是特别明朗，就适合进行调查报道。

以中央电视台《新闻调查》为例，作为典型的电视新闻调查类节目，其以记者调查采访的形式，探寻真相，追求理性。从 1996 年开播至今，推出了《大官村里选村官》《以生命的名义》《天价住院费》等多个获奖作品，为促进和推动社会和谐进步发挥了作用，在百姓心中也有广泛的影响力[①]。

《新闻调查》在 2024 年 2 月 3 日曾推出节目《乡村职业经理人》，以光明村和何家岩村为例，介绍了重庆市酉阳县的乡村职业经理人培养计划，通过调查采访配合视频呈现，让受众了解到本土人才在乡村振兴中的巨大作用。该期节目关注“农村、农民”问题，介绍了酉阳县在引进并留住本土人才方面做出的努力及取得的成果。节目不仅介绍了酉阳县乡村振兴的有效模式，同时其经验也可以被全国其他乡村学习、借鉴，新闻价值明显，具有较高的调查报道的价值（图 6–3）。

2. 新闻事件较为复杂，受众疑问较多

有的新闻事件被调查报道是因为事件较为复杂，或历时较久，或涉及主体较多，或者相关信息较少，受众对此有很多疑问，甚至有流言、谣言的出现。对于这类新闻，简单的采访较难完整、深入地介绍清楚，就需要记者进行调查报道。

2023 年夏，受台风杜苏芮残余环流影响，华北地区陆续开始强降水，河北涿州降雨量非常大，且涿州有多条河流汇入，对涿州的防洪带来很大影响。不久，河北涿州因强降雨导致的灾情，连上 6 个微博热搜。随着部分涿州市民发布的关于涿州灾情的短视频持续传播，涿州灾情成为人们热议的话题，涿州灾情如何？群众是否已安全转移？受灾物资发放情况如何？灾后消杀是否顺利进行？这些问题牵动着网友们的心。《新闻调查》在 2023 年 8 月 12 日，9 月 2 日曾前后推出《洪水中的刁窝》（图 6–4），《涿州 洪

① 《新闻调查》百度百科，引用日期：2024-2-20.

灾过后》（图 6-5）两期节目，分别关注了涿州的灾后救援和灾后重建工作。在节目中，地方武警、基层干部、党员和群众志愿者们积极主动地为涿州出力，社会各界的救援物资先后到达，涿州虽然受灾严重，但也在当地各有关部门及群众和社会各界人士的努力下不断恢复正常生活。《新闻调查》涿州篇的推出回应了社会的关切，解答了受众的疑问，在一定程度上安定了民心。

图 6-3　乡村职业经理人带村民学习电商（《新闻调查》栏目《乡村职业经理人》视频截图）

图 6-4　《新闻调查》栏目之《洪水中的刁窝》（栏目相关视频截图）

图 6-5 《新闻调查》栏目之《涿州 洪灾过后》（栏目相关视频截图）

（二）新闻调查的作用

1. 介绍事件信息，增加受众了解

有的新闻事件对于受众来说比较陌生，通过媒体的调查报道可以传播更多的信息，提升受众的了解程度。例如，最近几年，我国急性心肌梗死的死亡率呈上升趋势，尤其是 2005 年之后，死亡率快速上升。但是，我国居民对心梗的认知却比较匮乏，尤其是年轻群体对心梗的重视度更是不够。中国疾控中心的数据显示，从 1990 年到 2019 年，我国 25 岁到 44 岁的年轻人中急性冠心病（主要是心肌梗死）的发病人数增加了 36%。心梗这种在大家印象中原本是“老年病”的急症，如今却缠上了越来越多的年轻人[①]。针对这种情况，如果媒体可以针对“心梗”展开调查报道，介绍心梗的常见症状，列举容易引发心梗的生活方式，提出对心梗的预防和干预措施等，通过媒体的传播，必然会增加受众对心梗的认识，从而引起对这类疾病的重视，适当调整自己的生活方式，预防心梗的发生。《新闻调查》关于心梗制作了一期节目《致命心事》，通过采访中国医学科学院阜外医院急诊中心副主任梁岩、北京大学人民医院心研所所长胡大一、中国医学科学院阜外医院副院长杨伟宪等行业内专家，对与心梗相关的知识进行了介绍和普及，增加了人们对于心梗的了解和重视，受到了受众的一致好评（图 6-6）。

① 长江．新闻调查丨致命“心事” 揭秘心梗背后的“元凶”[Z]．央视新闻客户端，2022-05-15.

图 6–6　《新闻调查》栏目之《致命心事》（栏目相关视频截图）

2. 揭露事件真相，引导舆论走向

真实是新闻的生命，通过媒体报道揭露新闻事实是记者的使命，但是在现实生活中，真相的传播也会面临重重阻力。例如，距离太远或设备落后导致的时效性滞后；信息采集不全面不深入，导致事实细节失真；部分被访者故意阻挠，影响采访进程……这些时候，就需要记者展开调查，像剥洋葱一样，将干扰信息一一排除，层层推进，调查出真相。

网络信息的碎片化和实时更新，让受众形成了对新闻事实“止步于表面了解”的习惯，今天的事实很容易被明天的热点覆盖。在“人人都是麦克风”的时代，一些自媒体为了流量和利益，对一些未加核实的信息进行传播，爆炸性的、耸人听闻的事实更容易吸引受众的注意，而流言、谣言混合在真实信息中被同时传播。很多时候，受众对事实的了解不够深入，且可能伴随虚假信息。这种背景下，更需要媒体，尤其是主流媒体、职业新闻人坚持马克思主义新闻观的立场、观点和方法，实事求是，深入开展调查研究，走实地、察实情、发实声，探求真相，宣扬主流价值观，壮大权威舆论的声音[①]。

作为采访的类型之一，新闻调查得到的事实通常更加全面、深入、细致，需要投入较多的时间、精力，对记者的媒介素养要求较高。在新媒体普遍强调“短频快”的时候，新闻调查却一直坚守“深度报道”的方向，是新媒体时代碎片化阅读的有益补充。

① 康利坡 . 新闻舆论工作大兴调查研究的 现实意义和实践路径 [J]. 青年记者 ,2022，23(15)：57-60.

第七章

新闻采访素材整理

采访素材整理是采访之后对采访获得的繁杂、凌乱的资料进行梳理，配合自己的观察和思考，对素材进行进一步加工、整合的过程。经过对采访素材的整理，有利于进一步认识新闻事实，明确事实重点，同时删除无效、干扰信息，形成采访成果。

第一节　采访素材整理的必要性

采访素材整理是采访过程的最后一个环节，也是比较容易被忽略的环节。为了保证新闻的新鲜性，采访素材整理是采访后必须马上进行的工作，尤其是对于日报和新媒体平台来说，留给记者用来整理素材的时间并不多，有些素材整理只能在内心简单梳理一遍，就要快速落实为成果进行发表。人物访谈类、深度报道类的新闻因为时效性并不是主要优势，素材整理的时间相对比较充裕。无论采访素材整理的时间长短，这都是一个必要且重要的环节。

一、采访内容较多，需要及时汇总、梳理

有的新闻采访涉及多位采访对象，跨越多个领域、地域，记者在采访过程中辗转多地，针对不同的采访对象写作了多个采访提纲，采访得到的素材非常多。有效的核心事实包含其中，重要的人物观点也包含其中。这就有可能会有一些无效的采访信息，因此需要记者对采访素材进行梳理，分门别类，并标注重要信息，剔除无效信息，在有限的信息中进一步形成采访成果。例如，第三十三届中国新闻奖一等奖获奖作品通讯组文章《“外婆”的礼物》。

“外婆”的礼物①

“那次回乡，我发现不少老人，既没有稳定的生活来源，也没有精神寄托，整日孤零零地坐在门前，守望着连绵的群山……”张新斌心想，怎样才能帮到这些老人呢？

2016年，张新斌创新实施“百位外婆创业计划”，通过爱心认购，由捐赠者为老人赠送鸡苗，然后老人再向捐赠者返销鸡蛋。这样，老人们不但变得有事可干，而且还有了一笔可观的收入。

2021年，旬阳大山造物网络科技有限公司被中共中央、国务院授予“全国脱贫攻坚先进集体”称号。

3月8日晚，王磊送走餐厅最后一位客人后赶忙打开微信，给远在旬阳的张新斌发了一条信息：你送的500盒“外婆的礼物”存货不多了，赶紧再送一批哦！

王磊是西安高新区一家餐厅的负责人，他口中的“外婆的礼物”其实是来自陕南旬阳大山里的土鸡蛋。这些土鸡蛋看似平平无奇，缘何被王磊称作“外婆的礼物”呢？记者采访后才知道，原来在这些鸡蛋的背后，有着一个暖暖的故事。

故事要从给王磊送鸡蛋的张新斌讲起。

2013年，在西安闯荡多年的“80后”小伙张新斌回老家旬阳市城关镇木厂村探亲。

① 陈嘉．“外婆”的礼物[N]．山西日报，2022-04-13．

这个典型的陕南村庄，和他离开时一样，每年都有大批青壮年劳动力外出务工，村里只留下一些老人和孩子。有的老人守着三分薄地，种些简单的作物，勉强维持日常生活；有的老人由于没有固定收入，手头拮据，遇到头疼脑热连买药钱都拿不出……这让张新斌深受触动。

“那次回乡，我发现不少老人，既没有稳定的生活来源，也没有精神寄托，整日孤零零地坐在门前，守望着连绵的群山。”张新斌谈及那次回乡的感受，至今让他难以忘怀。“我是农民的孩子，特别能体会他们的感受。一些老人由于没有存款和收入，自己有事的时候每月百十来元的养老金根本解决不了问题，不得不伸手找儿女们要；遇到儿女们有困难，老人想分担也无能为力。”

于是，他萌生了帮助留守老人的念头，并很快成立了守望大山公益组织。

最初，这个组织主要以捐钱捐物的形式帮助老人。同时，张新斌还定期组织城里的朋友到旬阳山里，开展帮扶活动。

“传统公益确实发挥了很大作用。每次志愿者去看望老人，冷清的家一下子变得热闹起来，老人发自内心地开心。”张新斌说，但有一次他们给一位老人送钱送物品时，老人再三拒收现金，而且要求他们临走时带上他家的土鸡蛋。这件事让张新斌意识到，捐钱捐物固然能够帮助老人们解燃眉之急，但是从长远看，这并不能从根本上改善他们的生活现状，还会给他们造成心理负担。所以，公益活动不能光是“授人以鱼”，更要“授人以渔”。

2016 年，一个崭新的计划——“百位外婆创业计划”诞生了。张新斌为此专门成立了旬阳大山造物网络科技有限公司，采用以买代捐的公益模式，通过爱心认购，由捐赠者给山里的老人们赠送鸡苗，让老人把鸡养大后，再向捐赠者返销鸡蛋。这种方式既让老人们有了持续增收的能力，还让捐赠者能够得到原生态山货。因为这些鸡蛋都是老人们劳动的成果，所以张新斌给这些鸡蛋起了一个温馨的名字——“外婆的礼物”。

这项计划的实施，已使旬阳市 1 278 位老人从中受益，年人均收入 5 000 元，在脱贫攻坚中充分展现了社会公益力量的担当。2021 年，旬阳大山造物网络科技有限公司被中共中央、国务院授予“全国脱贫攻坚先进集体”称号。

当前，在巩固拓展脱贫攻坚成果同乡村振兴有效衔接的过程中，社会公益发挥着更加积极的作用，越来越多农村留守老人借助公益的力量，参与到共同富裕的奋斗中。

“去年，我家养了 300 只鸡。这是个相对轻松的活儿，鸡舍、鸡饲料都是企业给我们准备好的，我们就负责养好鸡。”家住城关镇西沟村 4 组的赵祥举和老伴参与创业计划后，每年仅养鸡增收就达 3 万元。

除了土鸡蛋，大山里的腊肉、黄花菜、竹笋等土特产也都成为“外婆的礼物”，经由电商渠道销往全国各地。如今，“百位外婆创业计划”的影响力逐步扩大，很多老人将养鸡作为一项稳定增收的产业进行发展。每年还不断有新增的“外婆”加入这项创业计划。

3 月 18 日，阳光和煦。吃罢午饭，张新斌带着公司的两名员工驱车前往城关镇殿湾村。和往常一样，他们这次深入山区的目的，就是继续寻找有创业想法的“外婆”。他们到来之前，村干部已经帮公司对村里留守老人的家庭情况进行了摸底。张新斌来，要做的是进一步“洽谈”工作。

车停在了半山腰的一户人家门前，大门半掩着。3 人绕向屋后，村民何邦娣和老伴张开明正在地里劳作。

“婆，种的啥？”

“早上挖了些黄姜，这刚点了些四季豆和豇豆。走，到屋喝茶。”

进屋坐定，热情的老两口便取杯沏茶。

张新斌说：“婆，你不招呼，我们公司就在这山下面。看你们身体还好，今年给你们发些鸡苗子，你们来给我养，咋样？”

“不晓得顾不顾得过来哟！”女主人笑着回答。

“我们给你们免费发鸡苗。一只鸡我们给你们发10斤玉米，将来鸡产蛋了一只鸡要先给我们还10枚鸡蛋，之后鸡产的蛋我们按一个鸡蛋1.2元回收。”张新斌一边给男主人点烟一边说，“鸡苗和饲料都给你们免费发，你们啥也不操心，就只管养鸡。除了鸡蛋，年底不下蛋的鸡我们也收购。”

“坎上王家去年也养了20只鸡，一年下来挣了4 000多元，要不我们先养20只试试？”张开明对何邦娣说。

“这坡上适合养鸡，回头我们来帮你收拾一下，你们可以先养40只试试。”张新斌建议。

一个下午，张新斌成功“签约”4位老人，顺便还收购了一批鸡蛋。晚上8时，王磊给张新斌发来微信：新鲜的土鸡蛋收到了。

现在，“百位外婆创业计划”的帮助对象已经从旬阳的留守老人拓展到了岚皋、紫阳等地。据了解，从2016年至今，“外婆的礼物”累计筹款超过350万元，参与人数达40万人，仅仅在西安就有106家企业、单位与“百位外婆创业计划”有合作，带动秦巴山区销售农产品5 000多万元。

这篇通讯围绕陕南旬阳小伙张新斌展开，重点介绍其发起的“百位外婆创业计划”公益项目，帮助留守老人创业增收，带动秦巴地区农产品销售的新闻事实。

文章采访痕迹明显，不仅有对张新斌的访问，还有对张新斌与农户“洽谈”的观察，采访对象除张新斌外，还有餐厅老板王磊，村民赵祥举和老伴。全文更有大量直接引语的运用，除主要人物张新斌外，村民何邦娣和老伴张开明的直接引语也出现在稿件中。全文涉及的人物较多，内容较杂，如果在采访后没有经过细心的整理，很难将人物行为和人物语言这么真实、客观地展现出来。文章一经刊发就被大家纷纷点赞，好评如潮。

二、采访历时较久，需要及时记录感受

有些新闻采访因为采访人员较多，整体持续时间较长，在完成对所有人的采访后，对于前期的采访内容可能已经有些遗忘，需要及时整理回顾。

为了留存采访素材，大部分记者在采访时都会进行录音甚至录像，但是因为覆盖整个采访过程的录音、录像资料内容非常多，不少记者都有在采访的同时记笔记的习惯，将采访获取的重点信息或者采访对象的一些直接引语记录下来，方便后期快速获取重点内容。不过采访时，记者的主要精力在于提问和观察，只能在话语的间隙简单记录笔记，所以笔记一般比较随意、凌乱，甚至来不及写的字会用简单的符号代替，这些笔记如果

没有在采访后及时整理，或许连记者本人也无法识别当时记录的符号的含义了。而且，除了采访内容外，对于一些采访对象，记者在采访后会有明显的感受，对于采访对象的认识和评价也比较清晰，这类认知性的内容会随着时间的推移逐渐淡化，也需要在采访后及时记录。

例如，第三十三届中国新闻奖一等奖获奖作品系列报道《工伤认定如何“新题新解”》。

工伤认定如何“新题新解”[①]

代表作之一：

送餐员、快递小哥等新就业形态劳动者常常因没有固定工作地点而在工伤认定时遇阻……

【工伤认定如何“新题新解”】人在途中的“小哥”何以证明“上下班途中”？

代表作之二：

“不属于劳动关系”“不在接单时间”“不是工作场所”……

【工伤认定如何“新题新解”】网约车司机工伤认定存争议，何解?

代表作之三：

当前劳动关系领域出现的新情况、新特点、新趋势，给工伤认定带来新课题。专家表示……

【工伤认定如何“新题新解”】穿透迷雾，让工伤认定回归本质。

文章探究新就业形态下劳动者“因公受伤”后及时获得保障的新路径。记者采访了多位外卖员、快递员、网约车司机等基层劳动者，采访他们“因公受伤”的索赔之路，了解他们对于“工作时间”“工作场所”认定的一些困惑。同时采访了法官、律师，经济学、法学教授等专家，用专业的角度正视目前就业新形态，多角度探究解题思路。

全文包含大量案例，以各地外卖员、快递员等的亲身经历展现“工伤认定”的困境，事件主体涉及基层劳动者、所属企业、保险公司、地区人民法院等。

最后综合 6 篇文章，各有重点，形成系列报道。可以想象，如果没有对采访素材进行及时整理，很难将这么多基层劳动者的经历表述得如此清楚，并将这么多素材综合在一起集中展现。

第二节　采访素材整理的步骤

采访素材整理是采访和形成采访成果之间的过渡环节，有效的采访素材整理能够最大程度地提取有价值的信息，为形成采访成果服务。

一、先看“有”什么采访素材

采访素材整理的第一步是对已有的素材进行整理，采访素材类型不同，整理的方式

① 裴龙翔，李润钊，兰德华，等．工伤认定如何“新题新解”[N].工人日报，2022-11-17.

方法也会有差别，采访过程中形成的素材一般分为以下几类。

1. 录音

采用专业设备对采访过程进行录制形成的音频称为采访录音，大部分记者在采访时都会随身携带录音笔，即使在没准备录音笔的情况下，手机也可以完成录音工作。录音设备小巧易携带，录音音频能够覆盖整个采访过程，录音是记者最经常使用的一种素材收集方式。

采访会受到时间、空间的限制，采访录音则可以克服这个问题，记者可以在采访结束后反复听取采访录音，回顾采访内容。时效性要求高的新闻，记者可以对采访中的重点内容反复回听，摘取需要的信息，将其纳入采访成果中。时效性不强的新闻，为了防止重要信息的遗漏，记者甚至可以将采访录音全部转化成文字，再从中提取有效信息，形成采访成果。

2. 笔记

记笔记是最原始也是最具有个性特征的信息搜集方式，在录音、录像设备愈加先进的今天，笔记的作用容易被忽视。但因为录音和录像基本都是覆盖全程的，虽然内容全面，但是体量庞大，在采访过后，如果只依赖音视频信息，则会有重点不突出的感觉。笔记内容和音视频信息相配合，能更加全面、突出地回顾采访内容。

笔记一般主要记录采访中的重点内容，比如采访对象提到的重要事实、核心观点，或者采访对象个性化的语言等。除此之外，笔记的记录内容非常多元，如果采访没有视频录制，笔记可能还需要记录采访开始和结束的时间、被访者的形象特征、被访者的动作习惯、被访者细微的表情变化等信息。笔记的记录内容和形式与记者的个人习惯有关，但是因为记笔记是与采访同时进行的，记者并没有充足的时间详细、整期的记录，笔记一般比较简略、潦草，穿插一些个性化的符号，甚至只能记者本人才能看懂。

对于笔记的整理需要在采访后快速进行，以防时间太久记者也无法理解当时记录的一些符号。对于笔记的整理，一方面可以将有效内容重新清晰地誊写下来，另一方面可以重新回顾采访的一些重要信息。

3. 录像

录像可以兼顾声音和画面，是最全面、完整的素材收集方式。但录像一般需要另一人辅助完成：记者负责与采访对象沟通，摄像人员负责录像。所以采访录像的人力成本较高，不是经常使用的素材收集方式。一般在完成电视采访或其他后期需要视频呈现的采访成果时，才会采用录像的方式。

对于录像素材的整理，主要表现在对视频内容的剪辑、加工方面，删除无价值的、凌乱的素材，保留有效素材，通过剪辑使视频内容完整、流畅地呈现，同时配合字幕和背景音乐，最终形成视频内容。

4. 图片

采访时，记者可以根据需要拍摄图片，现在智能手机的拍摄功能越来越强，像素越来越高，很多时候可以完成专业相机的拍摄工作，图片是比较容易收集的采访素材。但是图片同视频一样，并不是每一次采访都必须的素材（专门新闻摄影栏目除外），只有采访成果需要以图片或者图文形式呈现时，或者采访现场有需要专门留存的资料时，才会用到图片的形式。

图片主要拍摄与新闻事实、新闻现场、采访对象相关的内容，例如，新闻现场的细节，新闻事实的动人之处，新闻人物的特写镜头等。有的时候，一些现场资料因为无法带走又没办法短时间内记忆的，也可以先拍摄图片留存，如采访对象的获奖证书，景区门口的景点介绍等。

对于图片素材的整理，首先需要删除模糊的、重复拍摄的图片；其次进一步筛选出内容突出、清晰度高、采访对象表情自然的图片；最后确定是否需要对图片进行适当的裁剪，以适应传播需求。

5. 采访感受

不同于前四项采访素材，采访感受更多的属于记者的内心活动，是看不见、摸不着的情感波动，是采访对记者最直接的影响。因为没有文字、声音、图像做留存，采访感受很容易随着时间推移而淡化，所以，需要在采访后及时整理、记录。

采访感受包括记者对于采访事实、人物的判断和认识，记者在采访后的情绪信息，还有记者对于采访成果的设想等。以人物专访为例，记者在采访后内心会有一个人物画像：这是一个有趣的灵魂，这是一个追求极致的人，这是一个享受生活的人……他的所作所为让人感动、不解、震撼……这些素材适合写作专访稿件以突出人物的付出或以图文的形式展现其生活的丰富。

对于采访感受的整理主要是将内心的想法及时落实到文字，以便后期查看。

二、再看“用”什么采访素材

记者采访得来的采访素材通常较多，但有些采访素材并不适合传播。在素材整理阶段，需要对现有的素材进行删减、梳理，确定可以使用的、有价值的采访素材。

1. 使用合规合法的采访素材

新闻素材首先需要符合国家法律法规。凡是涉及损害国家和人民利益的，危害国家安全的，或是泄露国家机密和公民隐私的，都不能传播。可以参考《中国新闻工作者职业道德准则》第六条，遵守法律法规。增强法治观念，遵守宪法和法律法规，遵守党的新闻工作纪律，维护国家利益和安全，保守国家秘密。

2. 使用有价值的、受众感兴趣的采访素材

新闻成果的最后验收者是受众，新闻素材也需要满足受众的喜好和兴趣。对于新闻素材的价值判断依然可以从传统的新闻价值的新鲜性、重要性、显著性、接近性、趣味

性五方面去判断，同时增加新媒体时代凸显的娱乐性、有用性和可视性等价值。

包含越高新闻价值的素材一般也越能满足受众的兴趣。但是记者切不可为了一味迎合受众兴趣而捏造或夸张新闻素材。只有符合新闻真实性的素材才能经得住受众的检验。

3. 使用符合媒体定位的采访素材

每个媒体都有属于自己的受众定位。根据受众兴趣和主办者意志确定媒体内容，即功能定位。在长时间的采访写作实践中，媒体都会形成自己的采访报道风格，也会明确自己的关注领域和采访报道重点。

采访素材的使用，需要符合媒体的报道内容和风格特征，与媒体的宗旨保持一致。

三、最后看“补充”什么采访素材

在素材整理阶段，既会发现没有实际价值的素材，也会发现需要重新补充采访的素材。

例如，各种原因导致的采访效果不佳：想要突出的观点没有问到；重要的问题采访对象回答得不太明确；图片有遮挡等问题。或者是整个采访过程并没有什么问题，但是采访相关的事件出现了新的变动，记者需要迅速跟进，搜集最新消息。

“补充”采访不是必要的环节，只有发现采访素材不足时才需要进行。一般情况下，补充采访询问的问题不多，通过电话或者即时通讯软件简单沟通就可以完成。

记者可以在采访前做好准备，采访时保证全面、深入地完成采访，避免补充采访的环节。如果是因为记者准备不充分、采访表现不佳导致的补充采访，会给采访对象留下“不专业”的印象。

四、形成采访成果

采访成果是采访最终的内容呈现，是记者整个采访活动的劳动结晶。采访成果是否受到受众的肯定和欢迎，是验证一次采访活动是否成功的关键。采访成果最终的呈现形式可以是文字、图文、视频形式，也可以是融合了多种类型的多媒体形式。

采访成果的呈现形式，可能在采访开始前就已经确定，多数是根据媒体的定位和一贯呈现形式确定的，也有可能是在素材整理的过程中根据素材的内容和特点确定的。采访成果的呈现形式不同，对素材的需求也不同。

例如，文字稿件通常比较注重主题、结构和语言表达。尤其需要注意素材体现出来的整体思想，素材所涉及的内容分类等，涉及重要人物的采访，还要格外留意对方的直接引语，包含重要观点的语言可以直接出现在稿件中，既能体现采访痕迹，还可以增加文章的说服力。如果是深度报道的文稿，除了基本的采访内容外，对文章的立意和深度也有一定的要求；除了已有的采访素材，记者需要结合主题给出自己的思考或评论。

图文形式的的采访成果需要注意图片和文字之间的相互配合，首先需要确定图片和文字的比例：是以文字表达为主，图片辅助说明；还是主要传播图片，文字穿插介绍。根据图文大致比例确定素材整理的重点。图文形式除文字表达外，对图片也有一定的要求，图片需要清晰、有代表性、有一定的美感，多张图片在内容上相互补充。记者根据一定的顺序将文字和图片整合完成。

视频形式是对记者采访过程的呈现，但并非是完整的、全方位的呈现。例如，采访过程中记者和采访对象寒暄的内容，或者采访对象在采访过程中所做的一些与采访无关的事情，在后期素材整理时就可以删除。有的采访对象为多人，后期需要将多段采访视频汇总。有的采访除了记者采访外，还有记者述评和视频拍摄的内容，需要在素材整理时进行整合。总之，视频素材整理主要在于删减无效素材，连接有效素材，保证视频连接流畅。同时配合字幕和背景音乐，提高传播效果。

多媒体形式可以是文字、图片、视频的随意组合，记者根据需要进行素材整理和选用即可。随着网络的进一步发展，新媒体时代的“H5 新闻”和“volg 新闻”等形式也逐渐受到年轻人的欢迎。H5 一般设计精美，重点突出；volg 新闻则让人感觉到亲和力十足。采访成果可以根据这类多媒体新闻的特点进行素材的选取，以保证传播效果最大化。

参考文献

REFERENCES

[1] 郭庆光 . 传播学教程 [M].2 版 . 北京：中国人民大学出版社，2011.

[2] 罗以澄 . 新闻采访与写作 [M]. 北京：高等教育出版社，2020.

[3] 高金萍 . 新闻学概论 [M]. 北京：外语教学与研究出版社，2017.

[4] 伍超 . 新闻学大纲 [M]. 北京：商务印书馆，1925.

[5] 约斯特 . 新闻学原理 [M]. 王海，译 . 北京：中国传媒大学出版社，2015.

[6] 蔡雯，许向东，方洁 . 新闻编辑学 [M]. 北京：中国人民大学出版社，2014.

[7] 萨默瓦，波特 . 跨文化传播 [M]. 4 版 . 闵惠泉，王玮，徐培喜，译 . 北京：中国人民大学出版社 .2004.

[8] 张征 . 新闻采访教学 [M]. 北京：中国人民大学出版社，2022.

[9] 刘海贵 . 中国新闻采访写作学（新修版）[M]. 上海：复旦大学出版社，2020.

[10] 欧阳霞 . 新闻采访与写作 [M].3 版 . 北京：清华大学出版社，2019.

[11] 贾广惠 . 新闻采访教程 [M]. 2 版 . 北京：中国传媒大学出版社，2022.

[12] 李淼 . 跨文化交际中非语言行为语用失误及差异研究 [J]. 北京 ：商丘职业技术学院学报，2020，19（4）：40-42.

[13] 程洁 . 网络传播学教程 [M].3 版 . 苏州：苏州大学出版社，2021.

[14] 刘哲 . 对网络平台信息安全责任的反思与重塑 [J]. 网络安全空间，2022，13（5）：1-5.

[15] 康利坡 . 新闻舆论工作大兴调查研究的现实意义和实践路径 [J]. 青年记者，2022，23（15）：57-60.

[16] 闫淑慧，浅谈隐性采访的是与非 [J]. 今传媒，2016（12）：33-34.

[17] 梁晶 . 浅析融媒体时代新闻生产方式的变革与创新 [J]. 中国传媒科技，2021（9）：

43-45.

[18] 丁梦琪 . 传播学 5 W 理论视角下新媒体传播特点研究 [J]. 今传媒，2015（3）：32-34.

[19] 谢佳辉 . 英文开放式问题与封闭式问题在国际邮轮餐厅点餐服务中的应用分析 [J]. 成功营销，2018（10）：123+151.

[20] 李爱明 . 融媒体时代报社记者采访技巧探究 [J]. 中国报业，2024（2）：46-47.

[21] 王金波，许雅琴 . 融媒体时代新闻采访与写作方式创新研究 [J]. 记者摇篮，2024（3）：66-68.

[22] 胡晶晶，吴思佳，汤太祥 . 融媒体视域下高职“新闻采写”实践教学与课程思政融合探究 [J]. 新闻世界，2024（3）：117-120.

[23] 李芸 . 一线新闻采访报道如何在新媒体平台引流破圈 [J]. 新闻传播，2024（4）：9-11.

[24] 何倩，乔心怡 . 抖音直播治理 2023 盘点：无限期回收直播权限账号 29 万个 [N]. 北京商报，2024-01-16.

[25] 杜园春，王品芝 . 中国青年报社 2023 全国两会调查：教育是受访者最期待的两会议题 [N]. 中国青年报，2023-03-05（4）.

[26] 陈嘉 . “外婆”的礼物 [N]. 山西日报，2022-04-13.

[27] 范晨光 . 海底捞员工学跳“科目三”！超越工作范畴的“离谱技能”能拒绝吗？ [Z]. 劳动报微信公众号，2023-11-22.

[28] 昌道励，陈晓，宾红霞，等 . 广东经济 24 小时：昼夜流转 活力不息 [N]. 南方日报，2022-08-29（1）.

[29] 裴龙翔，李润钊，兰德华，等 . 工伤认定如何“新题新解” [N]. 工人日报，2022-11-17.

[30] 杜海燕 . 多地推进育儿补贴政策，生一孩、二孩、三孩能拿多少钱？ [Z]. 澎湃新闻，2023-06-02.

[31] 连肖，佘振芳，李文科 . 从“第一”到“第一” 7 本火车驾驶证见证“中国速度” [Z]. 华龙网新重庆客户端头条，2022-07-01.

[32] 缪琦 . 国产羽绒服卖到 7000 元？供应商给出‘高价’背后真相 [Z]. 第一财经，2023-11-27.

[33] 李羽佳 . 省政协组织第二场委员网络采访活动 [Z]. 山西省人民政府网，2023-03-09.

[34] 长江 . 致命“心事” 揭秘心梗背后的“元凶” [Z]. 央视新闻客户端，2022-05-15.

[35] 杨蓉 . 一个月内，多名一线网红被封禁 [Z]. 上观新闻，2023-09-04.

[36] 陈丽媛 . 高中家长陷在人生规划迷雾中 [Z]. 看天下实验室，2024-02-04.

[37] 李俊 . 四高、心脏病、抑郁……389 份调查问卷暴露出夜班媒体人这些隐秘的病痛！[Z]. 传媒茶话会 ，2020-12-27.

[38] 林琳 . “建议专家不要建议”，是希望专家好好说话 [Z]. 工人日报客户端，2022-05-26.

[39] 李如嘉 . 还没出发已经亏了 5000 多元！国庆节前机票价格为何大跳水 [Z]. 界面新闻，2023-09-29.